MARCO ⊕ POLO

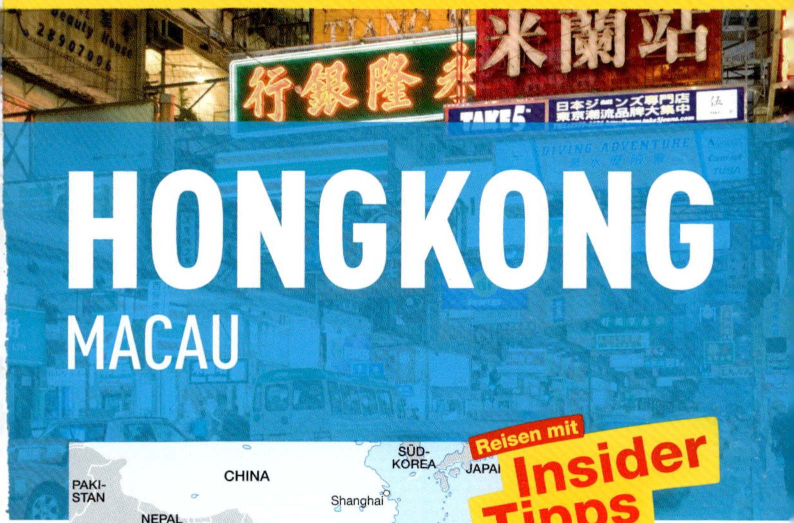

HONGKONG
MACAU

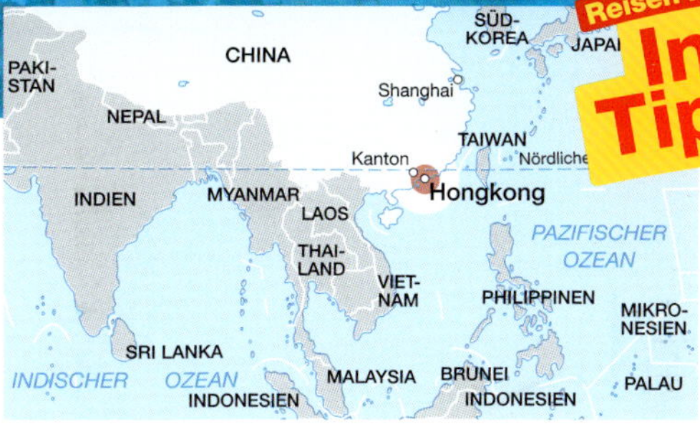

> Unwahrscheinliche Kontraste auf
> engem Raum, hektisches Banken-
> zentrum und entspannte Genuss-
> metropole gleichermaßen – ein Ort,
> den man erlebt haben muss.
> *MARCO POLO Autor*
> *Hans-Wilm Schütte*
> (siehe S. 143)

W0173515

HONGKONG

> SYMBOLE

**MARCO POLO
INSIDER-TIPPS**
Von unserem Autor
für Sie entdeckt

★ **MARCO POLO
HIGHLIGHTS**
Alles, was Sie in Hong-
kong kennen sollten

☼ **SCHÖNE AUSSICHT**

📶 **WLAN-HOTSPOT**

▸▸ **HIER TRIFFT SICH
DIE SZENE**

> PREISKATEGORIEN

HOTELS
€€€   über 200 Euro
€€   110–200 Euro
€   unter 100 Euro
Die Preise gelten für ein
Doppelzimmer pro Nacht
ohne Frühstück

RESTAURANTS
€€€   über 35 Euro
€€   17–35 Euro
€   unter 17 Euro
Die Preise gelten für ein
Essen ohne Getränke und
teure Spezialitäten

> KARTEN

[122 A1] Seitenzahlen und
Koordinaten für den
Cityatlas Hongkong
[U A1] Koordinaten für die
Übersichtskarten
Hongkong und Macau
(hinterer Umschlag)
[0] außerhalb des
Kartenausschnitts

Es sind auch die Objekte mit
Koordinaten versehen, die
nicht im Cityatlas stehen.
Umgebungskarte Hongkong:
S. 132/133; U-/S-Bahn-Plan:
hinterer Umschlag

INHALT

> SZENE

S. 12–15: Trends, Entde-
ckungen, Hotspots! Was
wann wo in Hongkong
los ist, verrät der MARCO
POLO Szeneautor vor Ort

> 24 STUNDEN

S. 100/101: Action pur
und einmalige Erlebnisse
in 24 Stunden! MARCO
POLO hat für Sie einen
außergewöhnlichen Tag
in Hongkong zusammen-
gestellt

> LOW BUDGET

Viel erleben für wenig Geld!
Wo Sie zu kleinen Preisen
etwas Besonderes genießen
und tolle Schnäppchen
machen können:

Hafenfahrt auf dem Unter-
deck S. 35 | Volksküche
futtern S. 50 | Markt in der
Fa Yuen Street S. 64 | Zwei
Drinks, ein Preis: Happy Hour
S. 72 | Gute Nacht im Hong
Kong Hostel S. 80 | Eintritt
frei: Kasinos in Macau S. 87

> GUT ZU WISSEN

Blogs & Podcasts S. 30 |
Wind und Wasser S. 38 |
Wettfieber S. 43 | Bücher
& Filme S. 44 | Gourmet-
tempel S. 52 | Spezialitäten
S. 54 | Die Schnupfenfalle
S. 56 | Luxushotels S. 78

AUF DEM TITEL
Die Attraktionen rund um
die Temple Street S. 65, 66
Panoramapfad im Dschun-
gel S. 29

ENTDECKEN SIE HONGKONG!

Unsere Top 15 führen Sie an die traumhaftesten Orte und zu den spannendsten Sehenswürdigkeiten

Die Highlights sind in der Karte auf dem hinteren Umschlag eingetragen

 Statue Square
Im Herzen der Stadt, im Schatten der Banken: Hongkongs gute Stube (Seite 24)

 Hong Kong Park
Hongkongs schöner Stadtpark – und Pacific Place, das schönste Einkaufszentrum, liegt nur eine Rolltreppenfahrt entfernt (Seite 28)

 Peak-Rundweg
Das Beste von allem ist – bei guter Sicht – das Hongkong-Panorama (Seite 30)

 Museum of History
Kaleidoskop mit Zeitreise: Geschichte im Maßstab 1 : 1 (Seite 38)

 Mong Kok
Vögel, Blumen, Fische, Socken: In diesem Stadtteil sind die meisten Märkte zu finden (Seite 40)

 Ocean Park
Tiere, Spaß und Sensationen – Hongkongs großer Vergnügungspark (Seite 44)

 Stanley
Kleidermarkt mit Atmosphäre und Promenade mit Frischluft, nicht zu vergessen Hongkongs hübsches kleines Seefahrtsmuseum (Seite 45)

 Wong-Tai-Sin-Tempel
Opfergaben und Wahrsagekünste im größten und populärsten Tempel der Stadt (Seite 45)

> DIE BESTEN MARCO POLO HIGHLIGHTS

 Hollywood Road und Cat Street
Antiquitäten und Trödel: Echtes und
scheinbar Antikes für jeden Geldbeutel
(Seite 64)

 Temple Street
Schlendern, stöbern und verweilen:
Hongkongs bunter Nachtmarkt mit
Wahrsagern, Musik und traditionellen
Garküchen (Seite 65)

 Lan Kwai Fong
Das Kneipenviertel der Langnasen
(und ihrer chinesischen Freunde)
(Seite 68)

Symphony of Lights
Jeden Abend wird der Hafen zur
Bühne für die weltgrößte Lasershow
(Seite 69)

 Unesco-Welterbestätten
In Macau: Die älteste europäische
Niederlassung in Fernost wartet
mit Bauwerken auf, die zwar meist
klein, aber historisch einzigartig sind
(Seite 83)

The Venetian
Canal Grande und Campanile, Gondel-
fahrt und Rialtobrücke dienen nur als
Dekoration fürs Geschäft: In Macau steht
der größte Kasinopalast der Welt, und
drumherum kann man das Las Vegas
des Ostens wachsen sehen (Seite 85)

Lantau und Po-Lin-Kloster
In den Bergen von Hongkongs größter
Insel meditiert ein riesiger Bronze-
buddha. Zu ihm hinauf schwebt man
per Gondelbahn (Seite 104)

> Welch seltsames Gebilde: eine Millionenstadt, wo dafür gar kein Platz war, ein kultureller Zwitter zudem, supermodern, doch exotisch, international, doch original chinesisch! Keine Frage: Hongkong zählt zu den faszinierendsten und aufregendsten Orten der Erde. Nicht zuletzt ist die Stadt am Perlflussdelta auch eine kulinarische Genussmetropole, deren Bewohner leidenschaftlich gern essen gehen. Und Macau? Das Las Vegas des Ostens ist gerade dabei, das amerikanische Vorbild zu überholen. Doch der einstige Vorposten Portugals hat auch ein europäisches, familiäres Antlitz mit Traditionen, die bis ins 16. Jh. zurückgehen.

> Kein Zweifel: Hongkong bedeutet Fernostfaszination – und ist eine Herausforderung. Das Gedränge auf den Wegen, der Automief in den Straßenschluchten, der von den himmelstrebenden Fassaden widerhallende Lärm der Busgeschwader, Betonmischer und Presslufthämmer in dieser ewig hektischen Stadt: Mancher Gast ist nach zwei Tagen Shopping und einer Stadtrundfahrt erleichtert, wieder abreisen zu können.

> Hongkong ist eine einzige Attraktion

Gewiss versäumt man dabei weder Paläste noch romantische Ruinen, weder berühmte Museen noch liebliche Plätze. Hongkongs Rekorde wirken eher nüchtern: Asiens zweitgrößte Finanzmetropole (nach Tokio), die höchsten Ladenmieten der Welt, die U-Bahn mit der welthöchsten Verkehrsleistung pro Kilometer. Die Wahrheit aber ist: Hongkong selbst ist eine einzige Attraktion mit seinem Wechsel von Bergen und Wasser, seinen Hochhäusern, seinen kulinarischen Genüssen. Als Wunder erscheint schon, dass dieses Kapitalistendorado am Rücken des chinesischen Riesen überhaupt funktionieren konnte – auf einem verzwickten Terrain, das für alles taugt, bloß nicht für die Anlage einer Millionenmetropole.

Tatsächlich planten die Briten, als sie die Insel 1841 besetzten, nur einen Stützpunkt und keine Großstadt. Schon bald zeigte sich: Es mangelte an bebaubaren Flächen und an Umland zur Versorgung der sich zügig entwickelnden Stadt. Die Insel sei bloß ein „kahler Fels mit kaum einem Haus drauf", rügte seinerzeit Viscount Palmerston im britischen

Hier dreht sich alles um fromme Wünsche: Weihrauchspiralen im Man-Mo-Tempel

Parlament. Daher weiteten die Briten ihr Beutestück auch noch zweimal aus: 1860 um die Halbinsel Kowloon – wie zuvor die Insel „auf ewig" abgetreten – und 1898 um das angrenzende Festland und weitere Inseln, die, damals auf 99 Jahre gepachtet, rund 90 Prozent der heutigen Fläche von 1100 km² ausmachen. Hongkongs Anbindung ans Hinterland blieb aber noch bis um 1980 eklatant schlecht, und dies nicht nur wegen der Grenze.

> **> Der „duftende Hafen" – ein hartnäckiges Missverständnis**

Als die Briten erstmals nach Hongkong kamen, bunkerten sie Frischwasser an einer Anlegestelle bei Aberdeen, wo Adlerholz umgeschlagen wurde, ein Grundstoff für Weihrauch. Gefragt, wie denn der Ort

hieße, antworteten die ansässigen Bootsleute in ihrem Dialekt: „Hongkong", Weihrauchhafen. Die Briten aber glaubten, dies sei der Name für die ganze Insel, und übersetzten das *hong* (kantonesisch *höng*, hochchinesisch *xiang*), das sowohl „Duft" wie „Weihrauch" bezeichnet, mit *fragrant*, „duftend". Das Missverständnis, erst gut 140 Jahre später aufgeklärt, hält sich weiterhin hartnäckig.

Hongkongs Daseinszweck war von Anfang an das Geschäftemachen, und davon wussten auch viele Chinesen zu profitieren, die ihrer traditionsverhafteten und von einer Krise in die nächste taumelnden Heimat den Rücken kehrten und sich hier schon bald nach der Gründung niederzulassen begannen. Die größte Zuwandererwelle war im Bürgerkrieg und beim Vordringen der Kommunisten (in den Jahren 1945–49) zu verkraften. Bald bedeckten riesige Elendssiedlungen die Berghänge. 1953 gingen in einer einzigen Nacht die Hütten von 53 000 Menschen in Flammen auf.

Die erste Aufgabe, um die Kolonie nicht im Chaos versinken zu lassen, war der Bau von Sozialsiedlungen – doch wo war der Platz dafür? Schon im 19. Jh. hatte man begonnen, Neuland aufzuschütten – die Queen's Road als erste Uferstraße liegt heute bis zu 650 m vom Wasser entfernt. Unterdessen sind ganze Buchten verschwunden und Berge abgetragen worden. Noch immer wächst Hongkong jährlich um mehrere Quadratkilometer. Vor allem musste man neue Städte in die ländlichen New Territories bauen. Dort lebt heute fast die Hälfte der Gesamtbevölkerung von 6,7 Mio. Menschen. Die Hochhaussiedlungen mögen Außenstehenden Raum zu arrangieren, müssen allerdings außer den superreichen Villenbewohnern fast alle Hongkonger beherrschen.

Tradition und modernes Leben – eine selbstverständliche Mischung

missfallen, doch es gab und gibt dazu keine Alternative, auch nicht im Bewusstsein der Bewohner, die die heute verschwundenen Slums vielfach noch aus eigener Erfahrung kennen.

> Supermoderne Technik und chinesische Tradition

Die zahlreichen europäischen Luxuskarossen, die auf den Parkdecks vieler Hochhauskomplexe abgestellt sind, zeugen im Übrigen von einem erstaunlichen Wohlstand der Bewohner. Die Kunst, sich auf engem

Hongkongs zweite Herausforderung war das Verkehrsproblem. Überall liegen Buchten und Berge im Weg. Erst ab 1980 trat dank der U-Bahn und zahlreicher Tunnels eine deutliche Verbesserung ein. Das dritte Hauptproblem war der Trinkwassermangel. In regenarmen Jahren musste rationiert werden. Heute sichern zwei dem Meer abgerungene Mammutreservoirs sowie eine Wasserleitung aus China die Versorgung. Am raschesten erledigte sich das vierte Problem: die Arbeitslosigkeit. Im Geldverdienen war man ja geübt. Zudem hatte Hongkong 1949 Shanghai in seiner Funktion als chinesisches

Handels-, Produktions- und Finanzzentrum beerbt und stellte für das kommunistische China fast das einzige Tor zur Welt dar – für die kapitalistische Enklave eine einträgliche Erwerbsquelle. In den 1990er-Jahren jedoch wanderte fast die gesamte Industrie über die Grenze nach China ab. Viele Hongkonger pendeln seither nach Shenzhen zur Arbeit.

Heute präsentiert sich das Territorium als Ort unwahrscheinlicher Kontraste. Supermoderne Technik und chinesische Tradition, Großstadt und einsame Berge, Lärm und Stille – hier findet sich alles eng beieinander. Da werden neben dem Eingang zu einem schicken Nachtclub mit Hightechinstallationen in einem kleinen Blechschrein dem Gott der Türen, der Erde und des Reichtums Orangen und Weihrauch als Opfer dargebracht. Flott gekleidete Angestellte mit ihrem Mobiltelefon fahren auf den Friedhof, um die Gräber der Ahnen zu fegen, und gleich hinterm letzten 25-stöckigen Hochhaus beginnt subtropisches Dickicht, in dem tagsüber prächtige bunte Schmetterlinge flattern und nachts die Grillen zirpen. Der beherrschende Eindruck aber ist die Dynamik der Stadt, ihre Fähigkeit, neue Ideen und Pläne fast im Handumdrehen zu realisieren. Die neueste Mode hängt hier schon in den Geschäften, ehe sie in Europa überhaupt ausgepackt ist.

Vielen Besuchern erscheint die Stadt als völlig verwestlicht, doch bei genauerem Hinsehen hält dieser Eindruck nicht stand. Zwar blieb auch nach Hongkongs „Heimkehr" 1997

einiges aus britischer Zeit bestehen: die Währung, die Zweisprachigkeit, das Rechtssystem, die visumfreie Einreise und die Grenze zum neuen Mutter- und alten Vaterland. Auch Straßen wie Queen's Road oder Prince Edward Road tragen noch ihre

> **Der Blick vom Peak ist Hongkongs größtes Wunder**

alten Namen. Doch nur eine Minderheit spricht leidlich gut Englisch. Die Hochhäuser sind Eigenbau, errichtet mit Hilfe von traditionellen Bambusgerüsten. Noch immer wird Familiensolidarität groß geschrieben. Die Stadt und ihre Menschen sind modern und technikbegeistert, aber was nicht altchinesisch ist, sollte man darum noch nicht für westlich halten.

Streift man durch den Hochhausdschungel, erstaunt vor allem das hohe Maß an sozialer Ordnung. Die propere U-Bahn ist ebenso sicher wie graffitifrei. Fahren Sie auch hinaus auf die Inseln, wandern Sie über die Berge, entdecken Sie die Strände. Genießen Sie die Meeresfrüchte und all die anderen Köstlichkeiten der hiesigen Küche. Zwei Tage Hongkong sind immer schrecklich. Bleiben Sie eine Woche, und Sie werden noch eine zweite anhängen wollen. Haben Sie aber wirklich nur einen halben Tag Zeit, so fahren Sie auf den Peak. Das Prachtpanorama zeigt, was die Stadt und ihre Menschen leisten mussten und geleistet haben. Dies ist Hongkongs größtes Wunder. Seidenblusen kaufen können Sie auch zu Hause.

▶▶ TREND GUIDE HONGKONG

Die heißesten Entdeckungen und Hotspots! Unser Szene-Scout zeigt Ihnen, was angesagt ist

Daniel Roth

Der Übersetzer, Dolmetscher und Chinesischlehrer lebte mehrere Jahre im Reich der Mitte. Nun bereist er regelmäßig die entlegensten Ecken Chinas sowie die Szene-Metropolen Shanghai und Hongkong. Der begeisterte Bergsteiger und Outdoor-Freak liebt nicht nur die Berge, sondern auch den Einfallsreichtum der chinesischen Küche und besonders die ausgefallenen Locations der Millionenmetropole Hongkong!

▶▶ NEUES MODEBEWUSSTSEIN

Der große Auftritt

Taschen, hippe Kleidung und Accessoires aus lokalen Werkstätten sind in der Staunton Street von Causeway Bay auf dem Vormarsch: sehr exklusiv, kreativ und innovativ! Die ausgefallenen, extrem femininen Abendroben von *SPY Henry Lau (21 Staunton St,* Foto) sorgen auf den roten Teppichen der Welt mittlerweile für Aufsehen. Mit Rüschen aus Seide, Korsagen, die mit zarter Spitze versehen sind, und Stoffen mit wilden Megaprints werden Trends gesetzt. *Lianca Central (27 Staunton St, www.lianca.com.hk)* dagegen zeigt sich naturverbunden und verarbeitet hauptsächlich Materialien wie Leder und Bast. Die Taschen, Schuhe und Accessoires, welche die Designer des Labels kreieren, sind ein überraschender Mix aus Klassik und Extravaganz.

SZENE

▶▶ ALLES ÖKO, ODER WAS?

Hongkong goes Bio

Das ökologische Bewusstsein wächst, und was neuerdings auf die Teller kommt, trägt immer öfter das Bio-Zeichen. Wer die chinesische Küche mit Gütesiegel selbst probieren möchte, lässt sich von den asiatischen Spezialitäten und der köstlichen Zubereitung der Drachenfrucht im *Bookworm Café (79 Yung Shue Wan Main St, Lamma Island)* verführen. Do-it-yourself-Köche finden alle Eco-Zutaten im Supermarkt *Three Sixty (3/F, The Landmark, Central)*.

▶▶ ÜBERNACHTEN MIT FLAIR

Design, wohin das Auge blickt

Die Zeit der Hoteltürme ist nun endgültig vorbei: Kleine, aber ultraschicke Herbergen kombinieren gewagtes Design mit modern-asiatischem Stil. Allen voran das *Jia (1–5 Irving St, Causeway Bay, www.jiahongkong.com, Foto)*, in dem das komplette Interieur von Philippe Starck designt wurde. Aufsatzwaschbecken, stylishe Armaturen und edle Materialien bestimmen das Bild des Hotels. Pompöses Design im Salvador-Dalí-Look ist das Markenzeichen des *The Luxe Manor (39 Kimberley Rd, Tsim Sha Tsui, www.theluxemanor.com)*. Very sophisticated präsentiert sich auch *The Lanson Place Hotel (133 Leighton Rd, Causeway Bay, www.lansonplace.com/lphk/)*. Eine weitere Gemeinsamkeit: Alle bieten den schnellen Rückzug vom City-Trubel und den typischen Hongkonger Service – perfekt und unsichtbar.

▶▶ DESIGN IM ALLTAG

Die Gough Street entwächst den Kinderschuhen

Eine typisch Hongkonger Adresse, die Gough Street, wird erwachsen. Seit Neuestem ist das Viertel zwischen Shing Wong Street und Aberdeen Street in Central eine echte Alternative zum etablierten SoHo. Zu verdanken ist das unter anderem den Konzept-Stores, die hier eröffnen. Innovatives Design gibt's zum Beispiel im Lifestyle-Store *Homeless (29 Gough St, www. homelessconcept.com):* Möbel und Interior-Accessoires – hier ist alles vom Feinsten. Und auch das superstylishe Fashion-Outlet *Ranee K (16 Gough St, www.raneek.com,* Foto*)* trägt – genau wie der schräge Designerladen *Addiction (15 Gough St)* – dazu bei, dass durch die Gough Street ein frischer Wind weht.

▶▶ HIPPER GLIBBER

Tee auf Abwegen

Mit und ohne Sagoperlen, mit schwarzem Sesam, Milch oder Gummibärchen-Glibber: Was so schräg klingt, nennt sich *Tee à la Taiwan!* Dieses Getränk ist in Taiwan seit Kurzem der Megatrend, und der schwappt nun nach Hongkong. Zum Tee werden Fingerfood und westliche Frühstücksklassiker serviert. Zu probieren gibt es die seltsamen Spezialitäten im *Saint's Alp Teahouse (206 Sai Yeung Choi St South, Mong Kok, www.saints-alp.com.hk)* und in den *Xian-Zong-Lin-*Teehäusern. Hier kann man nicht nur die Glibber-Tees trinken, sondern auch das Interieur bewundern. Wer zum Beispiel eine Schaukel einem Stuhl vorzieht, ist hier genau an der richtigen Adresse *(Shop 232, 2/F, Pioneer Centre, 750 Nathan Rd, Tsim Sha Tsui und Shop 5–6, G/F, Plaza 2000, 2–4 Russell St, Causeway Bay, www.rbt.com.hk).*

►►KONSPIRATIV ESSEN

My home is my restaurant

Normale Restaurants haben unter Gourmets aus-
gedient. Seit Neuestem lädt der Chefkoch zu sich
nach Hause ein und serviert das Essen in seinem
Wohnzimmer. Die sogenannten *Sifangcai* sind der
brandneue Dinner-Trend. Um in die Mikro-Restau-
rants zu kommen, läutet man einfach an den un-
auffälligen Klingelschildern. Eines der beliebtes-

ten: das *Chow Chung (Flat B, 5/F, Kin Tye Lung Building, 27–29 Bonham Strand West,
Sheung Wan)*. Mindestens genauso lecker sind die kantonesischen Leckereien im *Secret
Pantry (1/F, Hoover Tower 3, 15 St. Francis St, Wan Chai)*.

►►NIGHTLIFE HOTSPOTS

Open-Air-Restaurants, abgefahrene
Locations und kühles Ambiente

Für den Start ins Nachtleben geht es ins *Balalaika*:
An der Bar fühlt man sich wie in einem gigantischen Kühlschrank. Hier genießen Szenegänger
ihre Drinks bei minus 20 Grad. Der Clou: Den pas-
senden – falschen – Pelzmantel leiht man sich am

Eingang *(10 Knutsford Terrace, www.kingparrot.com,* Foto*)*. Gleich nebenan feiern Nacht-
schwärmer in der Open-Air-Beach-Bar *Bahama Mamas (4–5 Knutsford Terrace)*. Den asiatischen Kick mit mehr als 100 Sorten Sake gibt's im *Kombi Hibiki (15 Knutsford Terrace)*.

►►REGENBOGENBUNT

Open Mind – die neue Toleranz

Das Wort *Tongzhi* bedeutet auf Deutsch Genosse, doch in
Hongkong hat es nicht mehr viel mit Politik zu tun:
Scherzhaft bezeichnen sich so die Gays. Abends trifft sich
die Szene im *Propaganda (Hollywood Rd, Central,*
Foto*)*. Im Dance Club gibt's neben den neuesten Hits
auch perfekte Lightshows und ein wechselndes Pro-
gramm. Weitere *Places to be: Rice (33 Jervois St, Sheung
Wan)* und das ultramoderne *Curve (2 Arbuthnot Rd, Central)*. Für alle kulturhungrigen
Gays & Lesbians bietet *Tongzhi Holidays* Stadtführungen an *(www.tongzhiholidays.com)*.

> ## SCHUTZPATRON UND OPIUM

Ein paar Hintergründe zu dem, was Ihnen in Hongkong begegnet

BEVÖLKERUNG

Mit 5 Prozent Ausländeranteil ist Hongkong weniger international als manche deutsche Kleinstadt. Die größte Minderheit (2,1 Prozent) sind Filipinos, vor allem Frauen, die als Haushaltshilfen arbeiten; es folgen Indonesier (0,8 Prozent) und knapp 19 000 Briten (0,3 Prozent). Für 85 Prozent der 7,1 Mio. Einwohner ist Kantonesisch Muttersprache.

COUNTRY-PARKS

Wer Hongkong nicht kennt, mag es kaum glauben: Es gibt so viel Grün, dass tagelange Bergwanderungen möglich sind. Zu verdanken ist dies den 21 *Country Parks,* Landschaftsschutzgebieten, die ab 1976 zur Sicherung der Wasserreserven ausgewiesen wurden. Sie machen fast 50 Prozent der Landfläche aus und bestehen aus teils bewaldetem, teils

Bild: Mong Kok

STICH WORTE

grasbewachsenem Bergland. Den Wanderer erfreuen markierte Wege, Zeltplätze, Unterstände, Grillplätze, Infotafeln und Besucherzentren, die praktischen Rat und Einblick in Flora und Fauna geben. Vier Hauptwanderwege *(Trails)* führen zu den schönsten Stellen; einzelne Etappen sind per Bus erreichbar. Wegen möglicher Begegnungen mit Schlangen nur mit festem Schuhwerk wandern! *Infomaterial und Karten (Countryside Series) beim Government Publications Centre, Garden Rd, Murray Building 402* [127 E3–4]

MONDKALENDER

Chinas traditionelle Feste richten sich fast ausnahmslos nach einem Mondkalender mit dem Jahr zu 354 oder 355 Tagen. Eigentlich ist er ein Mond-Sonnen-Kalender, denn der Jahresbeginn wird alle 33 bis 35 Mo-

nate durch Einfügen eines Schalt-
monats an das Sonnenjahr angepasst.
Daher beginnt Chinas Mondjahr stets
mit dem ersten Neumond nach dem
21. Januar, 0 Uhr. Generell ist übrigens
zu Neumond und Vollmond in vielen
Tempeln mehr los als sonst. Auch am
Straßenrand wird dann Opfergeld in
roten Blecheimern verbrannt.

Der 22 m hohe Freiluft-Bronzebuddha
des Po-Lin-Klosters auf Lantau

OPIUMKRIEG

Wenn die Engländer nicht schon vor
200 Jahren solche Teeliebhaber ge-
wesen wären, gäbe es Hongkong
heute womöglich gar nicht. Der Tee
nämlich kam aus China. Der Handel
aber war eine Einbahnstraße: Das
Reich der Mitte kaufte nichts von
den Briten – bis die den Einfall mit
dem Rauschgiftschmuggel hatten.
Das Geschäft mit dem indischen
Opium florierte. Immer mehr Chinesen wurden süchtig, und mehr Silber
floss aus China ab, als durch den Tee-
export hereinkam. Da schickte der
Kaiser einen unbestechlichen Beam-
ten nach Kanton: Lin Zexu. 1839 ließ
dieser sämtliches Opium, das in Kanton lagerte, vernichten. Großbritan-
nien fasste die Aktion als Kriegser-
klärung auf: Der Erste Opiumkrieg
begann. 1842, im Frieden von Nan-
king, musste China vier weitere Hä-
fen für den Überseehandel öffnen
und der britischen Krone die Insel
Hongkong abtreten – „auf ewig".

RELIGION

Christen diverser Konfessionen stellen etwa 8 Prozent der Bevölkerung,
Moslems (Chinesen, Indonesier, Pa-
kistaner) etwas über 1 Prozent. Am
stärksten verbreitet ist die hier noch
sehr lebendige chinesische Volksreli-
gion. Die Gläubigen verehren buddhistische und taoistische Gottheiten
nebeneinander, denn es kommt nur
auf deren Fähigkeit an, Bitten zu er-
hören und zu helfen.

Die etwa 200 Tempel, die es in
Hongkong gibt, stammen meist aus
dem 19. Jh. Es sind kleine Gebäude

mit oft nur einem Raum. Erst nach 1950 entstanden einige größere Tempelkomplexe. Gläubige kommen, um zu beten oder ein Orakel zu befragen; mit einem Opfer (Weihrauch, Obst, Geld) unterstreichen sie eine Bitte an die Gottheit oder danken ihr. Bei einem Orakel werden zwei nierenförmige Hölzer auf den Boden geworfen; je nachdem, ob sie mit der runden oder der flachen Seite nach unten liegen bleiben, bedeutet dies „ja", „nein" oder „unentschieden". Oder man schüttelt eine Dose mit nummerierten Stäbchen, bis eins herausfällt; der Wahrsager schlägt dann einen Orakeltext nach, der dieser Nummer entspricht, und deutet ihn.

Jeder Tempel hat mindestens eine Hauptgottheit; sie steht hinter einem Altartisch mit Weihrauchgefäßen, Vasen, Leuchtern und Opfergaben in einem meist vergoldeten Schrein. Links und rechts werden oft weitere Gottheiten verehrt. In manchen Tempeln sind Sänften erhalten, auf denen das Götterbild früher auf Prozessionen durch die Straßen getragen wurde. An der Decke hängen Weihrauchspiralen, die bis zu zwei Wochen lang glimmen können; ein Papier in der Mitte verzeichnet den Wunsch des Spenders. Aus buntem Papier gefertigte möblierte Häuser, Sänften, Autos und Dienerschaft sind Totenbeigaben, die anlässlich einer Trauerfeier durch Verbrennen einem Verstorbenen ins Jenseits nachgesandt werden.

Die populärsten Tempelgötter: *Guanyin* (kantonesisch: Kwun Yum), die weibliche Bodhisattva der Barmherzigkeit; *Guan Yu* (Kwun Kung), Kriegsgott und Schutzpatron vieler Gewerbe – sein Schrein steht in vielen Läden und Restaurants; *Tian Hou* (Tin Hau, „Himmelskaiserin"), die Schutzherrin der Seefahrer. Allein dieser Göttin sind in Hongkong etwa 25 Tempel geweiht; es waren lange Zeit die einzigen Gebäude, die die Bootbewohner an Land errichteten. Stets wurden sie mit Blick aufs Wasser gebaut, damit Tin Hau sehen kann, ob Boote in Seenot geraten sind.

Am häufigsten aber wird wohl der Gott des Reichtums, der Pforten und der Erde verehrt; sein kleiner Holz- oder Blechschrein ist vielfach unten neben den Eingängen angebracht. Einen Eindruck vom Ahnenkult erhalten Sie bei den Totengedenkfesten, beim Besuch eines Ahnentempels, wie es sie noch in den Sippendörfern gibt, oder in den Totengedenkhallen mit käuflichen Stellplätzen für die Ahnentafeln, beispielsweise im Man-Mo-Tempel. Beim Tempelbesuch sollten Sie linksherum durch die Gebäude gehen und am Ende eine kleine Geldspende hinterlassen.

SAR/SVR

Zu einer „Special Administrative Region", deutsch: Sonderverwaltungsregion (SVR) wurde die Exkolonie 1997 mit der „Heimkehr". Rechtliche Grundlage ist das britisch-chinesische Abkommen von 1984, das Hongkongs Sonderstatus bis 2047 festschreibt. Eine analoge Regelung besteht für die SVR Macau. Die in Wahrheit rote Blüte des Bauhiniabaums ziert in Weiß die Hongkonger Flagge und steht als goldene Riesenskulptur auf der Ostseite des Kongresszentrums.

GÖTTERGEBURTSTAGE UND DRACHENBOOTRENNEN

Das Mondjahr setzt die Glanzlichter

FEIERTAGE

1. Jan.: *Neujahr; Chinesisch Neujahr* (3 Tage); *Ching-Ming-Fest; Karfreitag bis Ostermontag; Drachenbootfest;* **1. Juli:** *Gründungstag der SVR Hongkong;* **2. Juli;** **3. Augustmontag:** *Befreiungstag; Tag nach dem Mittherbstfest; Chung-Yeung-Fest;* **25./26. Dez.:** *Weihnachten.* Fällt ein Feiertag auf einen Sonntag, ist der folgende Montag arbeitsfrei.

CHINESISCHE FESTE

(Römische Zahlen = Mondmonate)
1.I. Chinesisches Neujahrsfest
(26. Jan. 2009, 14. Feb. 2010) Ein so wichtiges Familienfest wie für uns Weihnachten. Fast alle Läden und Restaurants schließen für zwei Tage oder länger. Toll ist die Festdekoration von Kaufhäusern und Banken und vorm Fest der Blumenmarkt im Victoria Park. Am zweiten Tag gibt's eine Neujahrsparade, am Abend ein Feuerwerk überm Hafen. Private Knallerei ist verboten. Die Festsaison endet am 15. Tag mit dem Laternenfest zur Feier des ersten Vollmonds.

4. oder 5. April: Ching-Ming-Fest
Totengedenkfest: Die Familien fegen die Gräber der Ahnen und bringen ihnen auf dem Friedhof Speise- und Trankopfer dar.

23.III. Geburtstag der Tin Hau
(28. April 2008, 18. April 2009) Geschmückte Schiffe kommen zum Tin-Hau-Tempel am Südende der Clear-Water-Bay-Halbinsel. Dort bringen die Schiffer ihrer Schutzpatronin Dankopfer dar, erfreuen sie mit Löwentänzen und lassen ihre Bootsschreine neu weihen [133 E4]. *Sonderfähren ab North Point* [129 F1]

8.IV. Geburtstag des Tam Kung sowie Buddhas Geburtstag
(12. Mai 2008, 2. Mai 2009) Feiern für Tam Kung, den Herrn des Wetters, an seinem Haupttempel in Shau Kei Wan [U E3], *MTR Shau Kei Wan, Nordende der Main Street.* In buddhistischen Tempeln werden die Buddhafiguren gewaschen.

Insider Tipp

Aktuelle Events weltweit auf www.marcopolo.de/events

> EVENTS
FESTE & MEHR

IV. Monat: ==Bun-(Semmel-)Fest==
von Cheung Chau

Das Fest zu Ehren des Nordkaisers (Hauptgott der Insel) dauert drei Tage. Ein Orakel bestimmt das Datum. Vorm Tempel wird jede Menge „Götterunter-haltung" geboten; spektakulär ist die Prozession, bei der bunt herausgeputzte Kinder, von verborgenen Gestellen ge-halten, auf den Händen anderer Kinder zu schweben scheinen. An drei 20 m hohen Türmen sind Glück bringende rosa Semmeln angebracht, Priester ver-teilen sie am letzten Abend. [132 B–C5]

5.V. Drachenbootfest (Tuen-Ng-Fest)
(8. Juni 2008, 28. Mai 2009) Man ver-speist in Blätter gewickelten Klebreis und veranstaltet prächtige Drachenbootren-nen. Eine oder mehrere Wochen später folgen internationale Rennen in Sha Tin.

15.VIII. Mittherbstfest (Mondfest)
(14. Sept. 2008, 3. Okt. 2009) Bunte Laternen leuchten, man betrachtet den Mond und verzehrt „Mondkuchen", ein

gehaltvolles Gebäck. Toll sind die Tänze der aus glimmenden Weihrauchstäbchen bestehenden ==Feuerdrachen,== die sich an drei Abenden durch die Gassen bei der Wun Sha Street winden [129 E4].

**9.IX. Doppelter Neunter
(Chung-Yeung-Fest)**
(7. Okt. 2008, 26. Okt. 2009) Man opfert an den Gräbern der Ahnen und macht Ausflüge in die Berge des Um-landes.

■ FESTIVALS & SPORT ■■■■■■■

Februar/März
Arts Festival: Musik, Theater, Ballett; vorwiegend Gastspiele aus dem Ausland

Oktober
(in geraden Jahren) *Asian Arts Festival:* Zu Hongkongs interessantestem Kultur-festival reisen Künstler aus ganz Asien an.

November
Macau Grand Prix (eines der klassischen Autorennen)

> ZWISCHEN PEAK UND HAFEN

Glitzernde Bankpaläste, weihrauchgeschwärzte Tempel – und es gibt noch mehr zu entdecken

> **Nur keine Angst vor Hitze, Regen und dem allgegenwärtigen Mief! Die Wege sind nicht weit, um das echte Hongkong zu erleben – das moderne wie das mehr exotische und traditionelle in Stadtvierteln wie Yau Ma Tei oder Sheung Wan.**

Zwischendurch bieten die Parks ruhige Rastplätze, die Einkaufszentren gekühlte Luft und einige Museen Horizonterweiterung, und wer die Stadt sitzend statt schwitzend erleben will, nimmt die nostalgischen Verkehrsmittel: Die *Straßenbahn* verbindet seit 1904 die Stadtteile im Inselnorden miteinander [127 D2–129 F1], und die rundlichen Fährboote der *Star Ferry* pendeln seit 1898 zwischen Tsim Sha Tsui und Central [124 B6, 127 E2].

Falls es regnet – in Hongkong ziemlich häufig der Fall – bietet sich ein Besuch in den Museen an, deren Mangel an Weltgeltung nicht darüber hinwegtäuschen sollte, wie sehens-

Bild: Wong-Tai-Sin-Tempel

SEHENS WERTES

wert sie sind. Denn zum einen haben spendable Mäzene wunderbare Kunstschätze gestiftet, und zum anderen bringt eine mustergültige Ausstellungstechnik den Besuchern in den staatlichen Häusern auch kulturell Fremdes nahe. Für das Museum of Art, das Museum of History, das Science Museum, das Space Museum und einige andere Museen gibt es eine gemeinsame Wochenkarte zu 30 $. Weitere Museen, darunter für Medizin, Polizei und Eisenbahn, finden Sie in einer Gratisbroschüre des Fremdenverkehrsamts (Hong Kong Tourism Board, HKTB) beschrieben: „Hong Kong Museums & Heritage".

Auch viele weiter entfernte Ziele sind mit den schnellen, klimatisierten Zügen der U-Bahn MTR sowie der Kowloon-Kanton-Bahn rasch erreicht. Der Höhepunkt der Genüsse ist freilich eine Fahrt zum Gipfel: mit der Seilbahn auf den Peak.

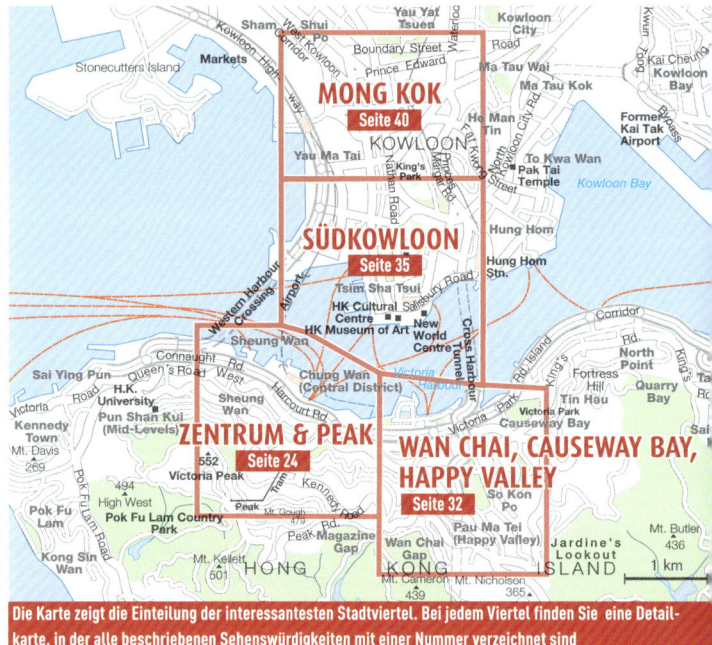

Die Karte zeigt die Einteilung der interessantesten Stadtviertel. Bei jedem Viertel finden Sie eine Detailkarte, in der alle beschriebenen Sehenswürdigkeiten mit einer Nummer verzeichnet sind

ZENTRUM & PEAK

> Hier ist die Keimzelle der einstigen Kronkolonie, hier wurde erstmals die britische Flagge gehisst. Hier entstand mit der einst Victoria genannten Stadt an und oberhalb der Queen's Road (beide benannt nach Königin Victoria) der Vorläufer des heutigen Central Districts, der zusammen mit dem östlich angrenzenden Admiralty-Gebiet das Herz des Hongkonger Geschäftslebens bildet. Nach Westen und Osten gelangt man zu einigen der ältesten, buntesten und am dichtesten besiedelten Wohnviertel der

Stadt, bergan wird es grüner, vornehmer und teurer.

Central District: Kilometerweit können Sie hier über Brücken spazieren und durch Gebäude hindurchlaufen, ohne auf das Straßenniveau hinabsteigen zu müssen. Hongkongs gute Stube, im Schatten der platzbeherrschenden Hongkong Bank, ist der ⭐ *Statue Square* [127 E3]. Sonntags veranstalten hier und in den angrenzenden Straßen die philippinischen Hausmädchen der Stadt ein Riesenpicknick. Westlich des Platzes liegt der älteste Teil von Central mit dem nicht mehr genutzten *Central Market* [127 D2], von wo aus die 880 m lange Rolltreppenstraße des

Central Escalator in die Wohnviertel der Midlevels hinaufführt. Das Land nördlich der Connaugh Road wurde erst seit den 1970er-Jahren aufgeschüttet und bebaut. Der 420-m-Turm des *International Finance Centre* markiert es wie ein riesiges Ausrufezeichen. Am Edinburgh Place im Nordosten des Statue Square steht in ehemaliger Uferlage die *City Hall* mit Veranstaltungssälen. Nach Osten folgt das Bürohausviertel *Admiralty* (auf ehemaligem Marinegelände) mit dem Bank of China Tower. Überragt wird der Central District vom Peak, jenem vornehmen Villenviertel mit Hongkongs größter Attraktion: dem Panoramablick auf Hafen und Stadt.

Sheung Wan [126 C2] schließt westlich an den Central District an. Trotz vorrückender Bürobauten lebt dort noch einiges an alter Hongkong-

Exotik fort. Die Höhepunkte fasst der Spaziergang Nr. 3 zusammen.

Der bequemste Platz, um im Inselnorden (bis weit über Causeway Bay hinaus nach Osten) einen Eindruck vom Stadtleben zu gewinnen, ist das Oberdeck der *Straßenbahn*. Sie gilt mit ihren Doppelstockwaggons, die zugleich als rollende Plakatwände fungieren, selbst schon als Sehenswürdigkeit. Die idealen Sitze oben vorn erhalten Sie problemlos an einer Endhaltestelle, z. B. am Western Market. Bahnen nach Shau Kei Wan und Shek Tong Tsui/Kennedy Town fahren am weitesten, solche nach Happy Valley enden in einer reizlosen Zweiglinie.

1 BANK OF CHINA TOWER [127 E3]

Der Neubau der chinesischen Staatsbank ist auch ein politisches Monu-

MARCO POLO HIGHLIGHTS

ment. Der 368 m hohe Turm, bei Fertigstellung 1990 größter Wolkenkratzer der Stadt, sollte damit Chinas Herrschaftsanspruch in der Kolonie verkörpern, hielt den Rekord aber nur zwei Jahre. Gedacht war der vom Sinoamerikaner Ieoh Ming Pei entworfene Bau – von dem die Bank nur einen Teil belegt – zudem als Symbol für Chinas Modernisierung und Öffnung gegenüber dem „Westen", doch stieß er eher auf Ablehnung, da er die Regeln des von den Kommunisten als Aberglauben verfemten *fengshui* (Geomantik) ignoriert. Tatsächlich wirkt das Gebäude mit seinen spitzen Winkeln wie ein Fremdkörper. Sein festungsartiger, zinnenbewehrter Sockel ist das genaue Gegenteil der Offenheit demonstrierenden Hongkong Bank. *Ecke Queensway/Garden Rd | MTR Admiralty*

2 CENTRAL POLICE STATION [127 D3]
Die ehemalige Zentrale Wache (mit angeschlossenem Gefängnis) bildet

Hongkongs größtes erhaltenes Ensemble von Altbauten im Kolonialstil. Sie entstanden zwischen 1864 und 1925. Repräsentativ ist die Fassade des Hauptgebäudes (1919) an der Hollywood Road. Ein geräumiger Hof ist das Zentrum der sehr gepflegten Anlage. Derzeit wird eine Umnutzung vorbereitet, ein Mix aus Restaurants, Museum und Kunstgalerie soll entstehen. *Ecke Hollywood Rd/Arbuthnot Rd*

3 EXCHANGE SQUARE UND INTERNATIONAL FINANCE CENTRE [127 D–E2]
Die Doppeltürme der Börse (Exchange Square) mit ihren distinguiert-eleganten Fassaden aus Spiegelglas und roséfarbenem spanischem Granit stehen seit 1985. Der mit Fontänen und Skulpturen geschmückte Vorplatz befindet sich auf dem Dach eines Busbahnhofs und führt ins Hauptportal. Nachdem der Bau 15 Jahre lang das Glanzlicht an der Ha-

Futuristische Finanzpaläste am Exchange Square

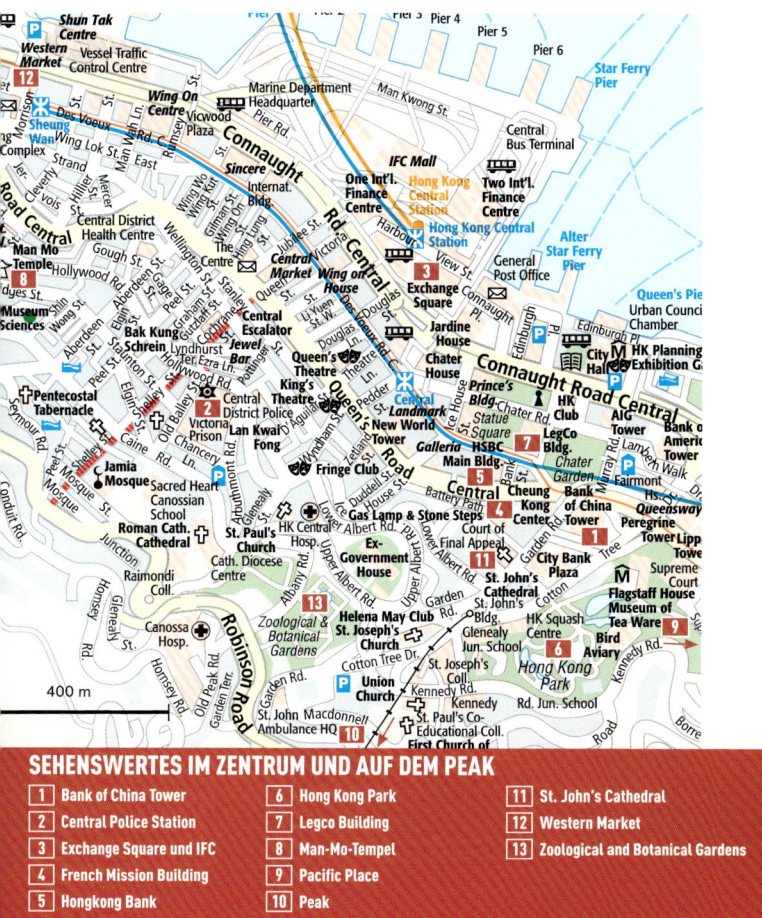

fenfront des Central Districts bildete, steht er nun im Schatten vom Turm 2 des Internationalen Finanzzentrums (IFC). Mit 420 m Höhe zählt es zu den höchsten Gebäuden der Welt. Leider verdirbt der von Cesar Pelli entworfene, recht gefällig gestaltete Bau den Anblick des Peak vom gegenüberliegenden Ufer aus sowie das Peak-Rundweg-Panorama. Zum IFC gehören der kleinere Turm des IFC 1, die IFC Mall sowie das Luxushotel Four Seasons. Der Komplex steht auf Neuland, das für den Bahnhof der Flughafenbahn aufgeschüttet wurde. *MTR Central, Hong Kong*

4 FRENCH MISSION BUILDING [127 E3]

Das schönste und größte alte Gebäude im Central District hat seinen Namen nach der französischen Fremdenmission, die es von 1915 bis 1953 nutzte. Heute residiert in dem roten Backsteinbau mit der weißen Kuppel Hongkongs oberstes Berufungsgericht. Das Alter des Hauses ist nicht bekannt, doch existierte es um 1880 bereits. 1917 umgebaut und erweitert, gewann es seine heutige Gestalt. *Battery Path (oberhalb des Altbaus der Bank of China) | MTR Central*

5 HONGKONG BANK [127 E3]

Die Zentrale von Hongkongs bedeutendstem Bankhaus ist das spektakulärste Stück moderner Architektur in der Stadt. Obwohl mit 179 m nicht besonders hoch, war der von Norman Foster entworfene und 1985 bezogene Bau damals das teuerste Bürohaus der Welt. In dem Hightechbau wurde ein ungewöhnliches Maß an baulicher Transparenz realisiert. Dies zeigt sich schon an der offen liegenden Konstruktion aus übereinandergestapelten Brücken mit 33 m Stützweite. Diese Bauweise erlaubte es, nahezu das gesamte Erdgeschoss als öffentlichen Platz freizuhalten. Gläserne Rolltreppen führen ins Atrium hinauf, das als Schalterhalle der Öffentlichkeit zugänglich und 52 m hoch ist; eine gläserne Zwischendecke hindert die klimatisierte Luft daran, nach unten zu entweichen; über eine „Lichtschaufel" an der Südfassade holt ein computergesteuertes Spiegelsystem von oben Tageslicht herein. Als einzige Relikte des 1935 errichteten Vorgängerbaus wachen unten die Bronzelöwen Stephen und Stitt. *Des Voeux Rd Central | MTR Central*

6 HONG KONG PARK ⭐ [127 E3–4]

Durch Hongkongs schönsten Stadtpark wandelt man im Schatten alter Bäume zu Gewächshäusern mit Tropen- und Wüstenklima oder lässt sich

Hong Kong Park: Besuchersteg in der Freiflughalle – auf Baumwipfelhöhe!

in einer riesigen Freiflughalle, durch die auf Baumwipfelhöhe ein Zickzacksteg führt, von 150 südostasiatischen Vogelarten umschwirren. Nahe dem Standesamt am Westrand des 10 ha großen Parks posieren Brautpaare fürs Foto. Am Ostende gleiten Rolltreppen hinab in das schöne Einkaufszentrum Pacific Place. Im *Flagstaff House,* dem ältesten Kolonialbau der Stadt, zeigt das *Museum of Tea Ware* – Hongkongs liebenswertestes Museum – historisches Teegeschirr in allen Variationen mit vielen Kuriositäten. Obendrein geben große Farbfotos, historische Illustrationen und Texte einen Einblick in die Entwicklung der chinesischen Teekultur. Im Baustil angepasst wurde der wenige Schritte entfernte Neubau mit der *K. S. Lo Gallery* – eine von dem Mäzen Lo gestiftete kleine Porzellan- und Siegelsammlung. *Beide Museen Mi–Mo 10–17 Uhr | Eintritt frei | Cotton Tree Drive | MTR Admiralty*

7 LEGCO BUILDING [127 E3]

Der kuppelgekrönte Bau entstand 1899–1910 als oberster Gerichtshof. Heute tagt hier der Legislative Council, Hongkongs Parlament. Den Giebel der Westfassade ziert noch immer die Figur der Justitia mit Waage, Schwert und verbundenen Augen. Als letztes Gebäude im Zentrum zeigt das Legco Building ein typisches Stilmerkmal viktorianischer Kolonialarchitektur, umlaufende zweigeschossige Säulengänge. Sie halfen vor Erfindung der Klimaanlage, das Innere kühl zu halten, und auch bei tropischen Regengüssen konnten die Fenster offen bleiben. *Statue Square | MTR Central*

8 MAN-MO-TEMPEL [126 C2]

Der viel besuchte Tempel in der Gegend der Antiquitätenhändler besteht aus drei Gebäuden:

Haupthalle (links): Wen Chang, der Gott der Literaten (rechts), und General Guan Yu, der beliebte Schutzpatron (links), sitzen weihrauchgeschwärzt in prächtigem Ornat im Hauptschrein und bilden dort das namengebende Zwiegespann für das Zivile (kantonesisch: *man*) und das Militärische *(mo).* Links außen steht Bao Gong, der Gott der Gerechtigkeit; ihm entspricht ganz rechts der Stadtgott. Dieser meldet den zehn Höllenrichtern – links hinter dem Eingang zu sehen –, wie sich ein Verstorbener zu Lebzeiten betrug. Besonders schön sind die Gottessänften, das glänzende Messinggerät – darunter zwei Hirsche (Sinnbild für Reichtum und langes Leben) – sowie der geschnitzte Altartisch.

Im benachbarten *Lit Shing Kung* ist Guanyin die Hauptgottheit. Ganz rechts wurde 1994 ein *Ahnentempel* eingerichtet; dort halten sich auch Wahrsager auf. Im rückwärtigen Raum (hinter einer quer stehenden „Geisterwand" verborgen) kostet der Platz für eine „Geistertafel" mit dem Namen des Verstorbenen bis zu 180 000 Dollar! Die Erlöse gehen an ein Spital. *Tgl. 8–18 Uhr | 124 Hollywood Rd | MTR Sheung Wan*

9 PACIFIC PLACE [127 F3]

Der riesige Komplex hat viele Funktionen. Dazu gehören ein freundliches, helles Einkaufszentrum (sogar mit Bänken, auf denen man rasten kann, ohne etwas zu konsumieren), Restauration (edel im östlichen

Lichthof, preisgünstig im *Food Fare* im Erdgeschoss) und ein Kinocenter, während die vier Türme, die darüber aufragen, Büros und drei Luxushotels beherbergen. Vielleicht das Beste aber sind die Rolltreppen, die vom Westende des Einkaufszentrums hinaufgleiten zum Hong Kong Park. *Queensway | MTR Admiralty*

10 PEAK ☀ [126 A–C 3–5]
So heißt die ganze Gipfelregion um die mit 552 m höchste Erhebung der Insel [126 B4]. Im 19. Jh., als Tropenkrankheiten in Hongkong noch ein Problem waren, galt der Peak unter den Kolonialherren als einzige Wohngegend, in der man gute Chancen hatte, den Sommer zu überleben. Chinesen war die Ansiedlung bis 1945 verboten. Unbedingt muss man mit der alten Standseilbahn, der Peak Tram, hinauffahren (Talstation [127 E3–4]). Oben kommen Sie im *Peak Tower* [126 C5] an, einem Komplex aus Läden, Restaurants, Terrassen und anderen Verlockungen.

Ignorieren Sie am besten den ganzen Peak Tower, und gehen Sie vom Ausgang nach rechts in die schmale Lugard Road. Denn nur wer über diesen Fußweg etwa 800 m weit bis zum Steilhang [126 B–C3] läuft, erlebt das Panorama in seiner ganzen Pracht. In der Abenddämmerung ist der Blick schlicht überwältigend. Für den gesamten ⭐ *Peak-Rundweg* (keine Steigungen) brauchen Sie ohne Pausen etwa 50 Minuten. Ein Aufstieg zum Gipfel lohnt kaum. Nicht versäumen: eine Rast im *Peak Lookout* (siehe Kapitel „Essen & Trinken").

Sind Sie gut zu Fuß, sollten Sie bei Tage über den erstaunlichen ☀ *Central Green Trail* zurückkehren. Gehen Sie am Peak Tower vorbei nach Osten *(Findlay Road)*. Halten Sie sich bei einer Gabelung talseitig *(Severn Road)*. Biegen Sie beim Schild links ab in den *Hospital*

(Tip — Insi)
(Tip — Insi)

▸ BLOGS & PODCASTS
Gute Tagebücher und Files im Internet

▸ *http://hkdigit.blogspot.com* – Fotoblog mit englischem Text, häufig aktualisiert, thematisch bunt und aus Hongkonger Perspektive gestaltet.

▸ *www.tripadvisor.de* – Über „Ziele auswählen" kommt man auf die Hongkongseiten mit nützlichen Besucherkritiken zu Hotels und Attraktionen sowie zu einem Forum. Ergiebiger noch sind die englischen Seiten unter *www.tripadvisor.com* und *www.tripadvisor.co.uk*.

▸ *www.misohoni.com/bba/hong-kong-blog* – Eine Liste diverser Hongkong-Blogs, die Themenpalette reicht von Kungfu über Multikulti bis Lamma Island.

▸ *www.travelpod.com* – Bringt Videos, Fotos und Reiseblogs. Hongkong finden Sie über den Menüpunkt „Destinations".

▸ *www.hiradio.net* – Thematisch vielseitiges Internetradio (englisch und chinesisch) mit Downloads.

Für den Inhalt der Blogs & Podcasts übernimmt die MARCO POLO Redaktion keine Verantwortung.

Für Fern-Seher: Platz auf dem Peak mit Panoramablick

Path [127 D5]. An dessen Ende gehen Sie ein Stück nach rechts. Am Ende des Parkplatzes informiert eine Tafel über den Trail, der von dort durch subtropischen Dschungel abwärts führt – immer wieder mit tollem Blick auf den Hochhausdschungel. Die Route geht über Chatham Path, Clovelly Path, Brewin Path und Tramway Path, quert zweimal die Peak-Tram-Strecke und endet an der Talstation. *Dauer 1–1½ Stunden, bei feuchtem Grund ist der Weg gefährlich rutschig!*

Peak Tram: Zwei klimatisierte Doppelwaggons pendeln, von je einem 1500 m langen Kabel gezogen, zwischen der Talstation an der Garden Road [127 E3–4] und der 400 m hoch gelegenen Bergstation und überwinden dabei eine Höhendifferenz von 367 m. Etwaiger Nervenkitzel wäre unbegründet: Es gab seit der Inbetriebnahme im Jahr 1888 noch nie einen Unfall.

11 ST. JOHN'S CATHEDRAL [127 E3]
Die anglikanische Hauptkirche Hongkongs wurde 1849 eingeweiht und 1869–72 verlängert. 1944/45 richteten die japanischen Besatzungstruppen hier ein Kasino ein. Die Innenausstattung und die Fenster mussten daher später nahezu vollständig erneuert werden. Der neugotische Bau verschwindet heute fast zwischen den Hochhäusern. *Garden Rd | MTR Central*

12 WESTERN MARKET [126 C2]
Die 1906 errichtete Backsteinhalle beherbergte einst einen Lebensmittelmarkt. Nachdem dieser 1988 in ein größeres und moderneres Gebäude umgezogen war (siehe Spaziergang Nr. 3), wurde das Haus unter Denkmalschutz gestellt. Tuch- und Andenkenhändler zogen ein. Außerdem gibt es ein deutsches Café. *Tgl. 10–17 Uhr | MTR Sheung Wan*

13 ZOOLOGICAL AND BOTANICAL GARDENS [127 D3–4]

Der Garten ist zwar nicht groß, doch sehenswert. Besonders gefallen die scharlachroten Ibisse, die Flamingos und seltene Pfauenarten. Auch bei den Orang-Utans und den Gibbons drängen sich die Besucher. Im Schatten der alten Bäume – die Anlage wurde 1864 gegründet – lässt sich gut rasten. Frühmorgens kommen viele Hongkonger zum Schattenboxen hierher. *Tgl. 6–22 Uhr | Eintritt frei | Garden Rd | MTR Central*

WAN CHAI, CAUSEWAY BAY, HAPPY VALLEY

> Wan Chai in der Mitte der Nordküste bietet ein Gegen- und Miteinander aus alten Wohn- und modernen Gewerbebauten mit dem berühmten Kiezviertel um Jaffe Road und Lockhart Road. Bauliches

Glanzlicht ist das *Kongress- und Messezentrum,* das sich mit elegant schwingendem Dach in den Hafen vorstreckt. Es ist mit zwei Luxushotels verbunden, darunter das spektakuläre *Grand Hyatt.* Dahinter ragt der Turm des *Central Plaza* [128 A4] auf. Westlich davon bilden die *Academy for Performing Arts* und das *Arts Centre* zwei lebendige Stätten des Kulturlebens [128 A4]. Im ältesten Teil von Wan Chai, südlich der Johnston Road, die einmal eine Uferstraße war, wird derzeit fleißig saniert. Bislang verschont blieb der bunte *Wan-Chai-Markt.*

Das östlich anschließende ▶▶ *Causeway Bay* fungiert mit seinen Einkaufspalästen (darunter das *Times Square* und der Kaufhausriese *Sogo*) [128 A4], mit Kinos, Lokalen und ein paar Fußgängerzonen als trubeliger Freizeitmagnet und größtes Shoppingmekka der Stadt. Vor allem am Abend herrscht hier dichte Hongkong-Atmosphäre. Frische Luft schnappen lässt sich nebenan im Victoria Park.

Eleganz am Hafen in Wan Chai: das Kongress- und Messezentrum

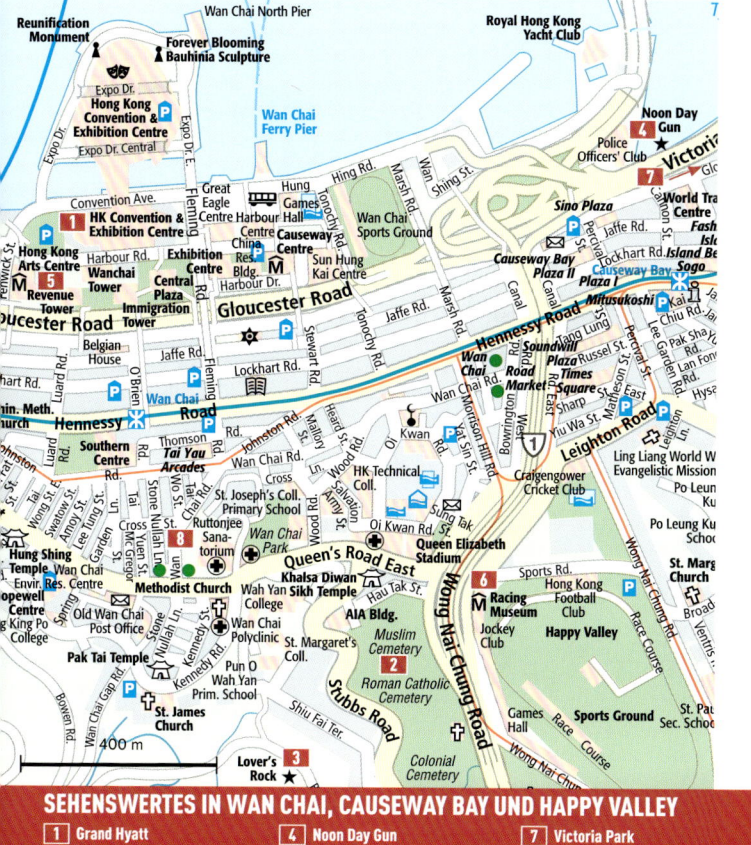

SEHENSWERTES IN WAN CHAI, CAUSEWAY BAY UND HAPPY VALLEY

1 Grand Hyatt
2 Hong Kong Cemetery
3 Lover's Rock

4 Noon Day Gun
5 Pao Galleries
6 Racing Museum

7 Victoria Park
8 Wan-Chai-Markt

Das landeinwärts gelegene *Happy Valley* wird großenteils von Hongkongs ältester Pferderennbahn eingenommen. Einmal sollten Sie auch hier oder auf der zweiten Rennbahn in Sha Tin ein Rennen und die Wettleidenschaft der Zockermassen miterleben. Der *Tourist Badge,* den Sie

unter Vorlage Ihres Reisepasses für 100 $ am Tribüneneingang für Jockey-Club-Mitglieder erwerben können, verschafft Ihnen sogar Zugang zu deren edler Loge (Mindestalter 18 Jahre).

Wie im ganzen Inselnorden ist die Straßenbahn ideal für alle „Sehleute".

Manche Wagen wenden an der Ecke zum Victoria Park. Mehr zur Tram siehe unter „Zentrum & Peak".

1 GRAND HYATT [128 A3]

Dass Understatement in Hongkong auch nach anderthalb Jahrhunderten britischer Herrschaft eher ein Fremdwort blieb, zeigt sich wohl nirgends

3 LOVER'S ROCK [128 B5] Inside Tipp

Aus dem subtropischen Dickicht des Berghangs oberhalb von Wan Chai ragt dieser 9 m hohe, reich geschmückte Monolith gen Himmel. Wegen seiner Phallusform bringen ihm Frauen, die sich einen lieben Mann oder männliche Nachkommen wünschen, Opfergaben. Ein Besuch

Spannung seit 150 Jahren: Pferderennen in Happy Valley

prächtiger als in der üppig dimensionierten Art-déco-Halle dieses Hotels. Über geschwungenen Treppen aus schwarzem Marmor glänzt ein goldenes Himmelsoval. *Harbour Rd | MTR Wan Chai*

2 HONG KONG CEMETERY [128 C5]

Hongkongs geschichtsträchtigster Totenacker. Neben Briten und Chinesen sind auf dem alten Kolonialfriedhof auch Deutsche, Franzosen und Russen begraben. *Straßenbahn nach Happy Valley, Zugang unter der Autobahnzufahrt zum Aberdeen-Tunnel*

lohnt auch wegen der guten Aussicht und der Wanderung entlang der für Autos gesperrten, schattigen Bowen Road (mit Trimm-dich-Pfad). *Oberhalb der Bowen Rd östlich der Wan Chai Gap Rd | Bus 15 ab City Hall bis Bowen Rd*

4 NOON DAY GUN [128 C3]

Mittags Schlag 12 Uhr wird am Ufer vorm Excelsior Hotel ein Schuss aus dem blitzblanken Nachbau einer Kanone abgegeben, mit der das Handelshaus Jardine einst seine einlaufenden Schiffe begrüßte. Um die

kleine Zeremonie – ein liebevoll ge-
pflegtes Relikt aus kolonialen Tagen
– mitzuerleben, unterqueren Sie die
Stadtautobahn durch den Tunnel, der
neben dem Hotel von der Tiefgarage
des World Trade Centers aus hin-
überführt. *MTR Causeway Bay*

5 PAO GALLERIES ▶▶ [128 A4]
Wechselnde Ausstellungen zeitge-
nössischer Kunst sind hier zu sehen.
*Tgl. 10–20 Uhr (bei Umbauten
geschl.) | Eintritt frei | Arts Centre,
4. und 5. OG | 2 Harbour Rd*

6 RACING MUSEUM [128 C5]
In schönen Räumen mit Panoramablick auf die Pferderennbahn von
Happy Valley geben Dokumente,
Modelle, Filme und interaktive Mo-
nitore Einblick in die Geschichte des
Hongkonger Pferderennsports seit
den Anfängen im Jahr 1846. *Di–So
10–17 Uhr, an Renntagen in Happy
Valley 10–21.30 Uhr | Eintritt frei |
Auskunft Tel. 29 66 80 65 | 2/F, Nord-
ende des Tribünengebäudes*

7 VICTORIA PARK [129 D3]
Die grüne Lunge von Causeway Bay
war einmal eine Meeresbucht. Sie
bietet sich am Morgen zum Joggen
oder Schattenboxen an. Ganztägig attraktiv sind Bänke, Spazierwege und
eine Kieselfläche zur Fußmassage.
MTR Causeway Bay

8 WAN-CHAI-MARKT [128 B4–5]
Im ältesten Wohngebiet von Wan
Chai findet täglich ein bunter Markt
statt, vor allem mit Lebensmitteln –
ein Ort, um Atmosphäre zu schnuppern. *Tai Yuen Street, Cross Street
und Umgebung | MTR Wan Chai*

SÜDKOWLOON
**> Kowloon: „Neun Drachen" heißt die der
Insel gegenüberliegende Halbinsel – ge-
nau genommen nur bis zur Boundary
Street** [122–123 A–E5], **wo von 1860 an
die Nordgrenze der Kronkolonie verlief.**
Heute versteht man unter Kowloon
meist alles Land südlich des Lion-
Rock-Gebirgszugs. Hier ist von der
Südhälfte der Halbinsel mit zwei
Ortsteilen die Rede.

Tsim Sha Tsui: Ganz im Süden
Kowloons konzentriert sich der Tou-
rismus mit Hotels, Bars und Tausen-
den von Geschäften. Am Westufer
reiht sich ein Einkaufstempel an den
anderen, von der *China Hong Kong
City* (mit Fährterminal) [124 B–C5] bis
zum *Ocean Terminal* [124 B6], wo die
Kreuzfahrtschiffe anlegen. An der
Südspitze erhebt sich neben dem

>LOW BUDGET

> **Straßenbahn:** Für 2 $ (Kinder: 1 $)
> fährt man so weit, wie man will, bis
> der Wagen kehrtmacht.
> **Star Ferry:** Zwischen Tsim Sha Tsui
> (Kowloon) und dem Central District
> schippern Sie auf dem unteren Deck
> für nur 1,70 $ (Kinder 1,20 $) über
> den Hafen.
> *Museen:* In den großen staatlichen
> Häusern (darunter das Museum of
> History, das Science Museum, das
> Museum of Art und das Space Mu-
> seum) ist der Eintritt mittwochs
> frei.
> *Central Escalator:* Ob rauf oder
> runter – die Benutzung dieses un-
> gewöhnlichen Verkehrsmittels
> ist gratis.

Star-Ferry-Anleger der *Uhrturm,* das einzige Relikt des einstigen Bahnhofs, dahinter folgt in Toplage das *Cultural Centre.* Die dortige Hafenpromenade bietet ein Superpanorama; als „Avenue of Stars" ehrt sie bekannte Hongkonger Filmschauspieler. Neben dem altehrwürdigen *Peninsula Hotel* beginnt die große Nord-Süd-Achse von Kowloon, die 3,5 km lange *Nathan Road* [122 B5–6, 124 C1–6].

Yau Ma Tei: Der *Tin-Hau-Tempel* mit seinem schattigen Vorplatz, der *Jademarkt* und der *Temple-Street-*

Außen Kacheln, innen Kunst:
das Hong Kong Cultural Centre

Nachtmarkt sind die besten Ziele in diesem interessanten Viertel, durch den der Spaziergang Nr. 1 führt.

Die Wege in Kowloon kann man mit der U-Bahn und zahlreichen Buslinien abkürzen, die unter bzw. auf der Nathan Road verkehren. Rasten lässt sich im Kowloon Park.

■1 HONG KONG CULTURAL CENTRE [124 C6]

Das lachsfarben verkachelte Kulturzentrum prägt seit 1989 die Südspitze Kowloons. Mit einem Konzertsaal (2100 Plätze), einem Theatersaal (1750 Plätze), einem Studiotheater, einem riesigen Foyer und dem 1991 vollendeten *Museum of Art* zeigt es die kulturellen Ambitionen der Stadt. Die Architektur gab Anlass zu manchem Spott („Skipiste"). Seltsam ist zumindest, wie der fast fensterlose Bau die exquisite Aussicht ignoriert. *Salisbury Rd | MTR Tsim Sha Tsui*

■2 INTERCONTINENTAL [124–125 C–D6]

Möchten Sie das Inselpanorama und den Hafenblick bei einem Cocktail oder einer Tasse Kaffee genießen? Dann ist die elegante Halle dieser Luxusherberge dank ihrer riesigen Glaswand und der unübertroffenen Lage ohne Konkurrenz. *Salisbury Rd | MTR Tsim Sha Tsui*

■3 INTERNATIONAL COMMERCE CENTER [124 A–B4]

An der Einfahrt zum westlichen Hafentunnel wächst derzeit Hongkongs neues Superhochhaus auf 484 m Endhöhe. Die obersten 15 Etagen sind für ein Hotel vorgesehen, während eine Aussichtsplattform auf

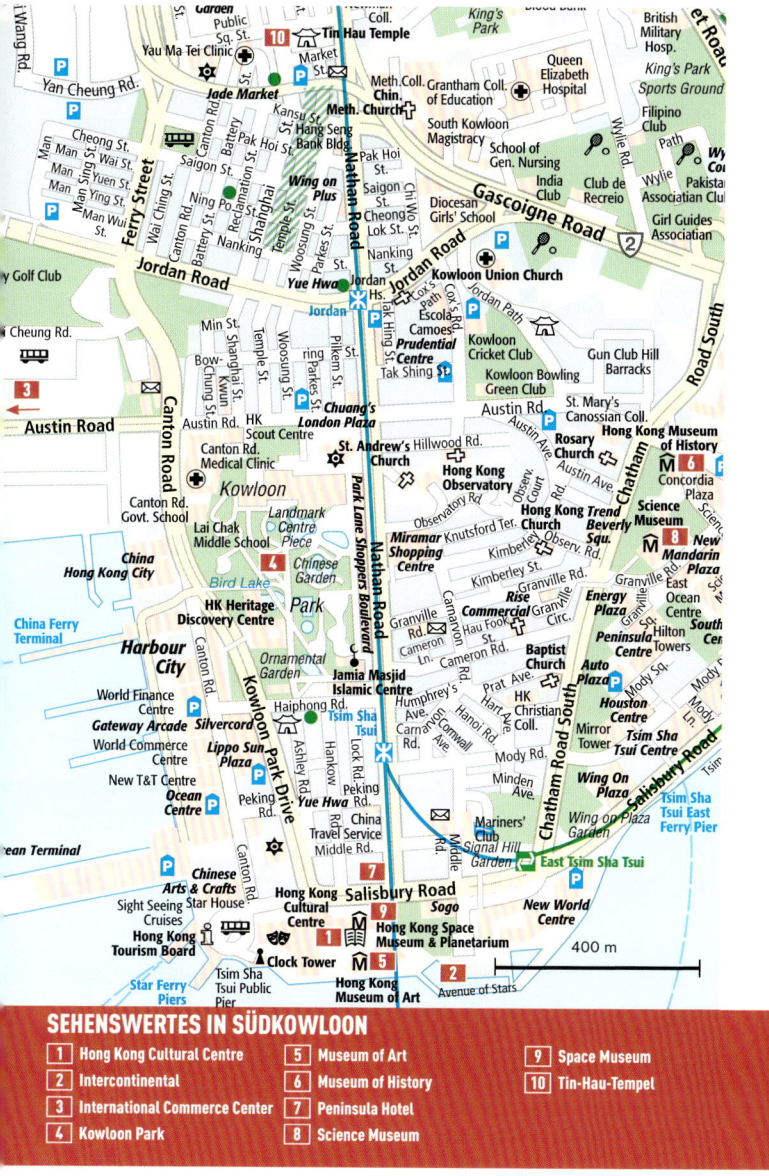

409 m Höhe zum Peak-Ersatz auf der Kowloonseite wird. *MTR Kowloon*

▣ KOWLOON PARK   [124 C5]

Der interessanteste Teil von Kowloons grüner Lunge ist der Skulpturengarten mit modernen Werken einheimischer Künstler. Kinder freuen sich an den Vogelgehegen. Im Norden liegt eine Badeanstalt. Im 🔊 *Heritage Discovery Centre* im Süden eröffnet 2008 eine Ausstellung zu Hongkongs kulturellem Erbe. *Park tgl. 6.30–24 Uhr | Haiphong Rd | MTR Tsim Sha Tsui*

▣ MUSEUM OF ART ⭐   [124 C6]

Der Neubau an der Südspitze von Kowloon zeigt Hongkongs kulturelle Ambitionen. Wohlhabende Sammler bedachten das Museum mit einer großen Zahl von Meisterwerken klassischer chinesischer Kunst. Dazu zählen vor allem Tuschmalerei und Kalligrafie, aber auch Skulpturen, Lackwaren, Jade, Bronze, Keramik und Textilkunst. Auf einem Teil der 5800 m² Ausstellungsfläche präsentiert sich das interessante Hongkonger Kunstschaffen der Gegenwart. *Fr–Mi 10–18, Sa 10–20 Uhr | Eintritt 10 $, Mi frei | MTR Tsim Sha Tsui*

▣ MUSEUM OF HISTORY ⭐   [125 D4]

Eines der besten Geschichtsmuseen der Welt. Die thematische Vielfalt und die überaus aufwendige Präsentation lassen die Besucher kaum wieder los. Wo der natürliche Lebensraum erklärt wird, stehen Urwaldbäume in Originalgröße und rufen Tiere, im kulturgeschichtlichen Teil wurden ganze Häuser und Theaterbühnen aufgebaut, wandgroße Fotos vom alten Hongkong gehen am unteren Ende eins zu eins in reale Gegenstände über – z. B. eine Hafenszenerie in eine nachgebaute Dschunke –, und in der historischen Apotheke herrscht sogar die typische Duftnote. Den Gang durch die Vergangenheit, „The Hong Kong Story" genannt, ergänzen interaktive Medien, mehrsprachige Diaschauen und historisches Filmmaterial. *Mi–Mo 10–18, So 10–19 Uhr | Eintritt 10 $, Mi frei | MTR Tsim Sha Tsui*

▣ PENINSULA HOTEL   [124 C6]

Die pompöse Luxusherberge, 1996 um einen Hochhausflügel erweitert, ist das eindrucksvollste bauliche Zeugnis einstiger kolonialer Größe. Die Eröffnung des Hauses 1928 war ein Markstein in der Entwicklung

▶ WIND UND WASSER
Kaum ein Hausbau beginnt ohne Fengshui-Experten

Der *fengshui*-Experte schaut, wie es an der Baustelle mit Wind *(feng)* und Wasser *(shui)* steht: mit den geheimen Einflüssen, die von der Umgebung ausgehen und ebenso gut Krankheit wie Wohlergehen oder Reichtum bewirken können. Gut ist es, einen Berg im Rücken zu haben und auf Wasser zu blicken. Auch die Gestalt des Hauses spielt eine Rolle. Von den spitzen Winkeln des Bank of China Tower heißt es, sie schneiden wie Dolche. In der Hongkong Bank dagegen herrscht gedeihlichste geomantische Harmonie.

Kowloons. Das Hotel profitierte trotz der Lage in dem damals noch unattraktiven Vorort von der unmittelbaren Nähe zum alten Bahnhof und vom – später verbauten – phantasti-

In der großen Halle der Biowissenschaften wird auch auf chinesische Medizin eingegangen. Die Computerabteilung im ersten Stock – auf dieser Ebene befindet sich auch der

Im Science Museum: „Betsy", Hongkongs erstes Verkehrsflugzeug

schen Blick auf die Insel. Das Ambiente des Foyers mit dem vergoldeten Stuck lässt sich am besten beim nachmittäglichen *High Tea* genießen. *Salisbury Rd | MTR Tsim Sha Tsui*

Insider Tipp

8 SCIENCE MUSEUM [125 D4–5]

Hongkongs größter Museumsbau ist der Technik und der Wissenschaft gewidmet. Mit pädagogischem Geschick wurden hier viele neue Ideen realisiert. Das meiste darf angefasst und ausprobiert werden. Im Erdgeschoss gibt es einen Raum für Sonderausstellungen, und die „Welt der Spiegel" wird vorgestellt. Ein Modell von Hongkong ist zu sehen.

Eingang – lockt vor allem Kinder und Jugendliche. Eine Treppe höher geht es um Kommunikation, um Transport (Blickfang an der Decke: „Betsy", Hongkongs erstes Verkehrsflugzeug), um Nahrungsmittel und Haushaltstechnik.

Im dritten Stock können Sie sich über effiziente Energienutzung informieren. Besonders stolz ist das Museum auf die 20 m hohe „Energiemaschine" im Atrium. Rollende Kugeln lösen dort allerlei Bewegungs- und Geräuscheffekte aus. *Mo–Mi, Fr 13 bis 21, Sa, So 10–21 Uhr | Eintritt 25 $, Mi frei | 2 Science Museum Rd | Bahnhof Kowloon*

9 SPACE MUSEUM [124 C6]

Hier werden in fassbarer Form Astronomie, Solarwissenschaften und Raumfahrt besonders Kindern und Jugendlichen nahe gebracht. Hauptattraktion ist das Planetarium. *Mo, Mi–Fr 13–21, Sa, So 10–21 Uhr | Eintritt 10 $, Mi frei, Planetarium ab 24 $ | Salisbury Rd | MTR Tsim Sha Tsui*

10 TIN-HAU-TEMPEL [124 C3]

Der relativ große Tin-Hau-Tempel von Yau Ma Tei blickt heute auf lauter Hochhäuser, denn seit seiner Entstehung vor mehr als 100 Jahren wurde vor ihm ein breiter Streifen Land aufgeschüttet. Die Tin Hau steht in der mittleren Halle einer Reihe von fünf Tempelgebäuden, in denen noch viele andere Götter verehrt werden. Rechts der Hauptgöttin ist Guanyin (Bodhisattva der Barmherzigkeit) zu sehen, die wiederum die Hauptfigur im südlich anschließenden Tempel darstellt; im nördlichen Seitentempel mit dem Stadtgott warten oft papierne Totengaben darauf, in einem der Öfen zwischen den Gebäuden verbrannt und so ins Jenseits geschickt zu werden. *Tgl. 8–18 Uhr | Public Square St | MTR Yau Ma Tei*

MONG KOK

> ★ Dieser extrem dicht besiedelte Stadtteil erfreut mit seinen vielgestaltigen Straßenmärkten und sonstigen Einkaufsmöglichkeiten. Einige Straßenabschnitte wurden deswegen sogar zu Fußgängerzonen gemacht – in Hongkong eine Seltenheit. Der Lebensmittelmarkt sowie der Blumen- und Vogelmarkt sind unten beschrieben; zum Markt in der Fa Yuen Street und zum Ladies' Market siehe Kapitel „Einkaufen".

Zum Bummeln und Schauen lädt schließlich auch der *Zierfischmarkt*

Idyllischer Fleck im Stadtteil Mong Kok: der Vogelmarkt

SEHENSWERTES

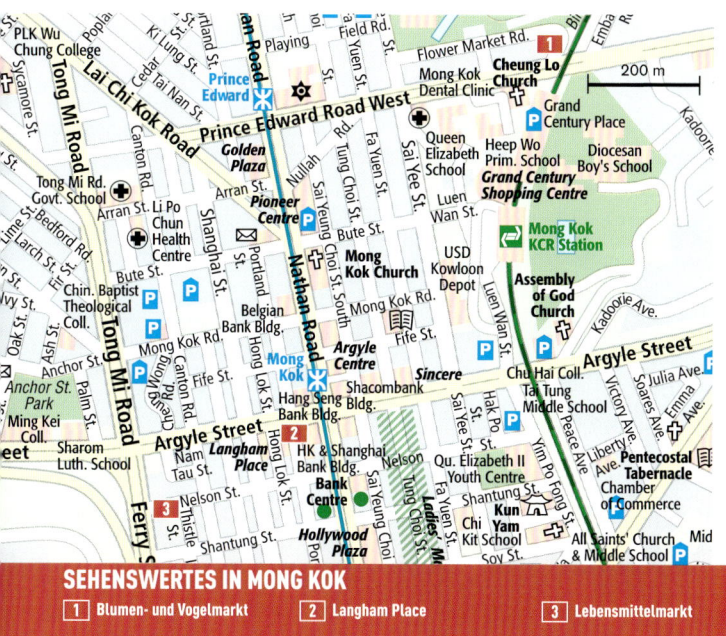

SEHENSWERTES IN MONG KOK

| 1 Blumen- und Vogelmarkt | 2 Langham Place | 3 Lebensmittelmarkt |

in der *Tung Choi Street* im Bereich der Bute Street [122 B6].

1 BLUMEN- UND VOGELMARKT [122 B–C5]

Eigentlich sind es zwei Märkte, aber wer zum Vogelmarkt geht, passiert auch den Blumenmarkt.

Der Yuen Po Street Bird Garden, wie der Vogelmarkt eigentlich heißt, wurde hier eigens angelegt – mit kleinen Häusern und viel Grün ein idyllischer, fotogener Fleck, zumal er nur für Fußgänger zugänglich ist. Der Blumenmarkt ist eher ein Häuserblock (Südseite der Flower Market Road) mit lauter Blumen- und Pflanzenhandlungen. *MTR Prince Edward*

2 LANGHAM PLACE [124 C1]

Hongkongs futuristischer Konsumtempel ist architektonisch der spektakulärste von allen – mit einem neun Etagen hohen, zweiseitig verglasten „Wintergarten" und lauter schiefen Winkeln. *Portland Street, Ecke Argyle Street | MTR Mong Kok*

3 LEBENSMITTELMARKT [124 B1]

An der Ecke Argyle Street/Canton Road und in der kreuzenden Nelson Street wird täglich alles für die kantonesische Küche feilgeboten: Gemüse und Dörrpilze, Früchte und Fleisch, ferner lebende Fische, Muscheln, Kröten und Krebse. Am meisten ist vormittags los. *MTR Mong Kok*

WEITERE ZIELE

ABERDEEN [130 A–C 2–4]

Die Hochhaussiedlung im Südwesten der Insel wird in Broschüren und Katalogen zuweilen noch als „Fischerdorf" bezeichnet – eine Irreführung.

Chau führenden Hochbrücke gegenüber dem exklusiven Yachtclub. Wer nichts verzehrt, fällt nicht weiter auf. Allerdings werden gute Dimsum serviert. Falls Sie eine Sampanrundfahrt unternehmen möchten, verhandeln Sie mit den Ladys, die Sie an der Ufer-

Volle Fahrt voraus: Sampan im Hafen von Aberdeen

Hafen: Auch die einst berühmte Dschunkenstadt sieht schon längst nicht mehr so aus, wie zahllose Spielfilme sie verewigten. Dennoch besitzt auch der weiter schrumpfende Rest noch einen Schuss Fernostexotik. Einen Eindruck davon verschaffen die kostenlosen Fähren zum schwimmenden Riesenrestaurant *Jumbo*. Dieses goldbeladene Monument chinesischen Kitsches liegt jenseits der nach Ap Lei

promenade mit „Sampan, Sampan!" ansprechen (ca. 50 $ pro Person für 30 Minuten). *Bus 70 ab Exchange Square bis Endstation, dann nach Westen und über die Fußgängerbrücke gehen; zu den Restaurantfähren an der Promenade wenige Schritte nach rechts*

Friedhof: Den Ahnen gebührt das Beste. Ihr Segen soll den Lebenden zuteil werden. Daher genießen kantonesische Gräber stets eine tolle Lage

> *www.marcopolo.de/hongkong*

SEHENSWERTES

– die in Hongkong später meist verbaut wurde. Dem Originalambiente noch am nächsten kommt der große ✹ *Aberdeen Chinese Permanent Cemetery.* Am Ching-Ming-Fest und am Doppelten Neunten, wenn an den Gräbern geopfert wird, lohnt ein Besuch besonders. Zugang über Treppe am Hang. [130 A2–3]

CHI-LIN-NONNENKLOSTER [U D1]
Im Jahr 2000 wurde dieses jüngste der großen Hongkonger Tempelklöster fertiggestellt. Es ist zugleich das würdigste, denn alle sieben Hallen wurden als klassisch-chinesische Holzkonstruktion auf streng symmetrischem Grundriss im mächtigen, schlichten Tang-Stil erbaut. Nach Süden schließt sich der vielgestaltige *Nan-Lian-Garten (Eintritt frei | www. nanliangarden.org)* an, mit 3,5 ha Fläche das größte Werk chinesischer Gartenkunst in Hongkong. *Tempel Do–Di 9–16.30 Uhr | am Ostende der Fung Tak Rd | MTR Diamond Hill*

FLUGHAFEN UND TSING-MA-BRÜCKE
Gigantisch ist gar kein Ausdruck. Allein die weitgehend künstliche Insel, die anstelle des Eilands Chek Lap Kok für den Flughafen [132 A4] aufgeschüttet wurde, hat die Ausmaße von Kowloon. Das Abfertigungsgebäude ist 1,27 km lang. Die Verkehrsanbindung nötigte die Ingenieure zu Höchstleistungen. Zu den zehn Einzelprojekten zählen der westliche, sechsspurige Hafentunnel und die größte Straßen-Schienen-Hängebrücke der Welt, die Tsing-Ma-Brücke [132 C3]. Sie übertrifft mit 1377 m Spannweite die Golden Gate Bridge von San Francisco. Einen Panoramablick auf das Bauwerk und Informationen zu seiner Entstehung bietet das ✹ *Lantau Link Visitors Centre | Mo, Di, Do, Fr 10–17, Sa, So 10–18.30 Uhr | am Ostende der Brücke | Minibus 308M ab MTR Tsing Yi, Ausgang A1 auf Ebene 1 (Mo–Fr stündlich 10–16, Sa, So 9.30–18.30 Uhr).*

> WETTFIEBER
Pferderennen sind die große Leidenschaft

> **Pferderennen in Hongkong** – In *Happy Valley* [128 C5] finden Rennen schon seit 1846 statt, jetzt meist mittwochabends. 1978 kam die Anlage in *Sha Tin* [133 D3] hinzu; sie wird am Wochenende benutzt. Im Schnitt kommen pro Rennen fast 50 000 Zuschauer. Da alle um ihre Einsätze bangen, herrscht eine fast unerträgliche Spannung – auch für Unbeteiligte ein Erlebnis. Die Rennsaison geht von Mitte September bis Anfang Juni. Details des Rennprogramms finden Sie unter *www. hkjc.com/english/index.asp.*

> **Pferderennen in Macau** – Die 1991 eröffnete Rennbahn auf *Taipa* bietet 15 000 Zuschauern Platz. Die meisten Rennen finden am Wochenende statt. Auf den unteren Rängen ist der Eintritt frei. *Tel. 32 08 68* [O]

> **Hunderennen** – Eine Spezialität Macaus. Mo, Do, Sa und So ab 19.45 Uhr finden jeweils 14 Rennen statt. *Canidromo | Avenida General Castelo Branco | Tel. 33 33 99* [U H1]

LION ROCK [133 D3]

Mehr Blickfang als Wanderziel ist dieser auffällige, 495 m hohe Gipfel in Löwenkopfform. Er gab seinen Namen dem ganzen Höhenzug, der Kowloon im Norden begrenzt.

OCEAN PARK ⭐ [131 E–F 3–4, D–E 5–6]

Hongkongs schönster Freizeitpark ist phantastisch gelegen. Zu den Attraktionen zählen eine 1,5 km lange Seilbahn, ein dreigeschossiges Korallenaquarium, ein Haifischaquarium mit Glastunnel, ein Schmetterlingshaus, ein Rundumkino, ein ❄ Aussichtsturm, Karussells, eine Loopingbahn und eine weitere Achterbahn. Im *Ocean Theatre* kann man einer tollen Show mit Delphinen und Seelöwen zusehen, während im Hintergrund Frachter vorbeifahren. *Kids' World* wendet sich an die jüngsten Parkbesucher, aber an der Seelöwenshow im *Whiskers Theatre* und genialen Vogeldressuren im *Amazing Birds Theatre* haben auch alle Junggebliebenen ihre Freude. Über ein 272 m langes Rolltreppensystem gelangt man zu weiteren Attraktionen, u. a. zu einer Wildwasserfahrt („Raging River") und zum *Middle Kingdom,* einem nicht ganz ernst zu nehmendem Miniaturchina, das eine Rast im Teehaus ermöglicht – die beste unter etlichen Möglichkeiten, sich für weitere Abenteuer zu stärken. Weiter führt der Weg zum *Treasure Palace,* zum Flamingoteich und zu begehbaren Volieren. Derzeit läuft ein Umbau- und Erweiterungsprogramm, das den Park mit noch mehr Attraktionen bereichern wird. *Tgl. 10–18 Uhr, Einlass bis 16.30 Uhr | Eintritt 208 $ | www.oceanpark.com.hk | Bus 629 ab MTR Admiralty, Ausgang B*

❯ BÜCHER & FILME
Intrigen, Liebe und James Bond

❯ **Noble House** – Der wohl bekannteste Hongkong-Roman, von James Clavell, handelt vom Intrigenspiel um wirtschaftliche Macht.

❯ **Alle Herrlichkeit auf Erden** – Die west-östliche Liebesgeschichte von Han Suyin spielt in Hongkongs schwieriger Nachkriegszeit 1949.

❯ **Suzie Wong** – Richard Mason schrieb die Geschichte jener Schönheit vom Wan-Chai-Kiez, der die Verfilmung (1960, Regisseur Richard Quine, mit William Holden und Nancy Kwan) zu Weltruhm verhalf.

❯ **Bilder aus Hong Kong** – Die Vielfalt und Widersprüche des modernen Hongkong wurden in diesem Buch eingefangen von Karl Johaentges (Fotos) sowie Erich und Marieanne Follath (Text).

❯ **Der Mann mit dem goldenen Colt** – In westlichen Filmen lieferte Hongkong den beliebtesten Drehort für Fernostexotik. Chinesen hatten darin allenfalls Nebenrollen, so in diesem James-Bond-Film (1974, Regie: Guy Hamilton, mit Roger Moore).

❯ **Chungking Express** – Ein echter Hongkong-Film, der auch im Westen in die Kinos kam. Er erzählt zwei Liebesgeschichten im Polizeimilieu (1994, Regie: Wong Kar-wai).

SEHENSWERTES

REPULSE BAY [U D5]

Hongkongs beliebtester Badestrand ist an Sommerwochenenden stets überlaufen. Es gibt viele Restaurants sowie am Südende einen herrlich kitschigen Tin-Hau-Tempel. 1 km weiter südlich liegt der idyllische, ruhige Strand von *Middle Bay.*

VICTORIA HARBOUR [U C3]

Hongkongs eigentliches Herz: Dies ist einer der größten Containerhäfen der Welt. Sein Verladezentrum ist Kwai Chung im Nordwesten von Kowloon. Die *Star Ferry Company* und die Reederei *Watertours* veranstalten täglich Rundfahrten.

Die Repulse Bay ist Hongkongs beliebtester Badestrand

STANLEY ★ [U D6]

Stanley ist Hongkongs südlichste Ortschaft. Die meisten Ausflügler lockt der große Kleidermarkt in der Ortsmitte. Neue Attraktionen sind die Promenade und das hierher versetzte *Murray House* von 1844, das 1982 für den Bau des Bank of China Tower abgerissen wurde und jetzt das *Maritime Museum* birgt: Modelle, Originalteile, Reproduktionen und audiovisuelle Medien dokumentieren die Seefahrt in Fernost sowie das Hongkonger Hafenwesen des 20. Jhs. *Museum Di–So 10–18 Uhr | Eintritt 20 $ | www.hkmaritimemuseum.org | Busse 6, 6X ab Exchange Square*

WONG-TAI-SIN-TEMPEL ★ [123 F2]

Jährlich opfern hier über 3 Mio. Gläubige einem als wundermächtig gerühmten Heiligen. Zu dem Komplex gehören auch ein Krankenhaus und ein zweigeschossiger Bau mit 160 Wahrsagerpraxen. Die Haupthalle mit dem doppelten Dach – sie ist für das Publikum gesperrt – wurde 1973 eingeweiht, die meisten anderen Gebäude 1982. Hier zeigt sich Hongkongs Synkretismus, denn auch Konfuzius, Laotse und Buddha werden verehrt. Ein ruhiger Ort für eine Rast ist der chinesische Garten auf der Rückseite der Hallen. *Tgl. 7–17.30 Uhr | MTR Wong Tai Sin, Ausgang E*

> GOURMETTEMPEL UND GARKÜCHEN

Jeden Tag locken neue kulinarische Höhenflüge,
und das nicht nur bei chinesischer Küche

> **Wenn Hongkong eine Gourmethochburg von weltweiter Reputation ist, so gibt es dafür gewiss mehrere Gründe.**
Der Fischreichtum des Südchinesischen Meeres, das tüchtige kantonesische Landvolk, von dessen Feldern ein üppiges Angebot an Gemüse und Früchten auf die Märkte kommt, oder auch die aus aller Welt eingeflogenen frischen Zutaten, die in den Töpfen französischer, italienischer oder japanischer Köche landen – all das trägt dazu bei, dass Essengehen in Hongkong ein Erlebnis ist. Vor allem aber sind es die Hongkonger selber, die die Standards setzen: Da sich die kulinarischen Traditionen in der häuslichen Enge nicht recht entfalten können, stürmen die einheimischen Feinschmecker in Scharen die Restaurants.

CHINESISCHE KÜCHE
Die große Mehrheit der Hongkonger sind Kantonesen, und deren Küche

> *www.marcopolo.de/hongkong*

ESSEN & TRINKEN

ist die unbestrittene Königin aller Regionalküchen Chinas. Lästerzungen aus anderen Landesteilen behaupten zwar, die Kantonesen äßen alles, was vier Beine hat, außer Tischen, alles, was schwimmt, außer Schiffen, und alles, was fliegt, außer Flugzeugen. Und sicherlich mögen Hühnerfüße und Qualle nicht unbedingt jedermanns Sache sein. Die Meisterschaft in der Verwendung selbst ungewöhnlicher Zutaten sorgt

aber auch für eine faszinierende Vielfalt des Speisezettels, den die Hongkonger Köche zudem um immer neue Kreationen bereichern.

Vor allem frisch muss alles sein. Hühner werden meist beim Kauf geschlachtet, Meerestiere schwimmen, bis der Gast bestellt, im Bassin. Zur Geltung kommen soll der natürliche Geschmack der Zutaten. Erreicht wird dies auch durch die Zubereitungsarten – kurzes, scharfes Braten oder Dünsten – und durch den besonnenen, ja sparsamen Einsatz von Gewürzen.

Zu Krabben-, Muschel-, Geflügel- und anderen Gerichten werden jedoch raffinierte Tunken gereicht, die durch Ingwer, Chili, Essig und andere Ingredienzien auch kräftigere Akzente setzen, ohne dabei die Speisen schwer zu machen.

eben billig, doch – saisonabhängig – durchaus erschwinglich. Mutigere Naturen ordern Seegurken oder Fischlippen.

Nie verkehrt liegt man mit Schwein und Geflügel. Sehr lecker ist gebratene Ente; man stippt sie in süßliche Pflaumensoße. Beliebte Spezialitäten sind auch Taube und Wachtel, und wer die Tiere lieber le-

Köstliches zum Mitnehmen: knusprig gegrillte Enten

Was bestellt man? Meeresfrüchte sind natürlich erste Wahl. Dabei müssen es gar nicht die teuren Topqualitäten von Haifischflossen und Abalone sein. Krebs *(crab),* Garnele *(shrimp, prawn),* Tintenfisch *(squid),* Barsch *(garoupa)* und andere Fischsorten, Kammmuscheln *(scallop)* und weitere Muschelarten sind ebenfalls köstlich und, wenn auch nicht

ben lässt, findet hervorragende vegetarische Gerichte, oft mit erstaunlichen Imitationen von Fisch und Fleisch.

Die größte Attraktion sind freilich die Dimsum *(dim sum,* sprich: *dim sam,* mit scharfem „s"). Das ist kein Gericht, sondern der essbare Part von *yam cha,* der kantonesischen Teekultur. Vom frühen Morgen bis zum

Nachmittag werden in den Teehäusern und Restaurants kleine Köstlichkeiten zum Tee serviert – mit Garnelen oder Haifischfleisch gefüllte Teigtaschen, Rippchen in Pflaumensoße, mit Lotoskernpaste gefüllte frittierte Bällchen und Dutzende anderer „Herztreffer", wie *dim sum* heißt. Zumeist werden sie auf Büfettwagen umhergeschoben, sodass Sie bequem auswählen können. In anderen Restaurants kreuzen Sie das Gewünschte auf speziellen Zetteln an. Den Abschluss bildet eine Portion Bratnudeln oder Bratreis. Wenige Hongkong-Erlebnisse sind so beeindruckend und authentisch, wie an einem Sonntagmittag *yam cha* („Tee trinken") zu gehen, wenn ganze Familien die oft riesig großen und aufwendig dekorierten Teehäuser bevölkern und ein Heidenlärm herrscht.

Von der Vielfalt exzellenter Zutaten und dem hohen kulinarischen Standard profitieren in Hongkong auch die anderen Regionalküchen Chinas, die hier mindestens ebenso gut munden wie in ihrer jeweiligen Heimat: Die Pekinger Küche glänzt mit Pekingente, Feuertopf und Teigspeisen, die ostchinesische Küche aus Shanghai und Hangzhou liebt durchweg etwas kräftigere Gerichte (teils mit Teeblättern aromatisiert), während für Sichuan-Küche scharf gewürzte Speisen typisch sind. Auch die Chaozhou-Küche mit ihren oft deftigen Speisen ist nicht zu vergessen. Berühmt – und sehr teuer – sind die Vogelnester. Ebenso denkwürdig: der starke und bittere Chaozhouer Verdauungstee, der aus winzigen Tässchen getrunken wird.

Um richtig chinesisch zu speisen, muss man zu mehreren sein. Da nicht jeder für sich bestellt und dann nur „sein" Gericht verzehrt, sondern da sich alle alles teilen, steigt die Zahl der Genüsse mit der Größe der Gruppe. Einer übernimmt beim Bestellen die Regie. Gewöhnlich rechnet man ein Gericht mehr, als Esser da sind, und wählt aus möglichst vielen verschiedenen Kategorien – Ente, Huhn, Schwein, Garnelen, Fisch und so weiter –, dazu eine Suppe. Bei dem großen Angebot an Meeresfrüchten können Sie sich natürlich auch rein maritime Diners zusammenstellen.

MARCO POLO HIGHLIGHTS

Fast alle bedeutenderen Restaurants verfügen über englische Speisekarten, die jedoch selten Saisongerichte verzeichnen. Am besten gehen Sie daher in Gesellschaft eines Einheimischen essen. Ansonsten findet sich meist auch ein hilfreicher Kellner, sofern das Lokal nicht zu voll ist. Für einzelne Esser und budgetbewusste Reisende empfehlen sich die vielen kleinen Restaurants und Imbissstuben, in denen zu lächerlichen

>LOW BUDGET

- *Volksküche:* Mit Nudelsuppen, Reissuppen oder Yangzhou-Bratreis wird man schon für unter 80 $ satt. Gute Adressen sind *Brilliant Garden Noodle & Congee Kitchen | 76 Canton Rd* [124 C5] (beste Garküche der Gegend, geöffnet 7–2 Uhr!), *Ngau Kee Restaurant | 3–5 Gough Street* [127 D2] (in urig-trendiger Altstadtgegend) und *Xiangjiang Suiyue | 182 Nathan Rd* [124 C4] (edler, bebilderte Karte).
- *Mittagstisch:* Der Tipp für alle Preislagen – montags bis freitags werden damit selbst Gourmetlokale erschwinglich. Wichtig: vor 13 Uhr da sein – dann beginnt in den Büros die Mittagspause, und es wird voll.
- *Garküchenmärkte:* Speisen mit Selbstbedienung und in großer Vielfalt. Gute Adressen: *City Super | Harbour City, Zone A, 3. OG* [124 B5] (mit Hafenblick!), *Food Fare | Pacific Place, Ebene L1* [127 F3–4]
- *Getränke:* In vielen Lokalen wird Ihnen kostenlos Wasser, manchmal auch Tee serviert – ungefragt, sobald Sie Platz nehmen.

Preisen Nudelsuppen, Bratreis und Bratnudeln serviert werden.

GETRÄNKE
Das ideale Getränk zu kantonesischem Essen ist Tee – vor allem unfermentierter grüner und halbfermentierter Wulong-Tee. (Die Blätter werden zweimal neu aufgebrüht.) Das Angebot an Wein ist in den chinesischen Restaurants zumeist mager. Da liegt man mit Bier schon richtiger, vor allem bei den kräftigeren Speisen der anderen Regionalküchen. Eine ideale Erfrischung unterwegs sind frisch gepresste Säfte an den Obstständen sowie gekühlte Sojamilch (als „Vitasoy" im Handel).

NICHTCHINESISCHE KÜCHE
Großen Anteil an Hongkongs kulinarischer Vielfalt hat die ausländische Küche. Bei Indern und Indonesiern kommen die Curryliebhaber, bei Koreanern und Thais die Pfeffer- und Chilifans auf ihre Kosten (trinken Sie dazu Bier!), bei den Japanern die Liebhaber von frischen Zutaten und rohem Fisch. Viele indonesische und thailändische Gerichte erhalten besonders durch die Verwendung von Kokosmilch eine eigene Note; hinzu kommen andere, in China ursprünglich unbekannte Zutaten, zum Beispiel das als Gewürz dienende Zitronellgras.

Auch auf europäische Küche müssen Sie nicht verzichten, allerdings liegen die Preise ebenfalls auf gehobenem europäischem Niveau. In Hongkong europäisch essen zu gehen ist nicht nur etwas für Heimwehgeplagte, denn viele Küchenchefs haben sich vom örtlichen Reichtum der

andersartigen Zutaten und Zuberei-
tungstechniken zu neuen Kreationen
anregen lassen. Ähnliches gilt auch
für manche Restaurants mit asiati-

*Tgl. 7.30–11 Uhr | z. B. 1/F, World-
wide Plaza, Pedder St* [127 D–E3],
302–308 Hennessy Rd [128 B4],
38–40 Hankow Rd [124 C5]

Eine perfekte Kombination: Zu kantonesischem Essen passt grüner Tee

scher Küche, wo Speisen aus verschiedenen Regionen Asiens zu
neuen Menüs kombiniert werden.
Für Lunch und Dinner ist bei den
empfohlenen Restaurants Tischreser-
vierung empfehlenswert.

FRÜHSTÜCK
Das Frühstück ist in den großen Hotels tadellos, doch unverhältnismäßig
teuer. Wer sich an Selbstbedienung
nicht stört, findet eine gute, preis-
werte Alternative in den *Délifrance*-
Filialen – mit Porzellangeschirr,
Milchkaffee, Croissants, Baguettes
und frisch gepresstem Orangensaft.

Wer morgens auch mit Tee auf
Trab kommen kann, sollte den Tag
mal mit Dimsum im Teehaus beginnen, z. B. ab 7.30 Uhr im *Jade Gar-
den | 1 Hysan Avenue* [128–129 C–D4].

SÜSSES
In den 1990er-Jahren entdeckte
Hongkong den Nachtisch – und
wurde sogleich kreativ. Während in
Kantonrestaurants traditionell fri-
sches Obst gereicht wurde, wenn es
denn überhaupt ein Dessert sein
sollte, erhält man jetzt tolle exotische
Neuschöpfungen, die sich zu probieren lohnen. Jetzt gibt es sogar spe-

Insider Tipp

CHINESISCHE KÜCHE

zielle Lokale, die sich ganz den sü-
ßen Verlockungen widmen. In den
meisten kommt man mit Englisch
nicht weit, aber es gibt eine Aus-

Insider Tipp

nahme: *The Sweet Dynasty* | *100
Canton Rd* | **[124 C5]**.

■ CHINESISCHE KÜCHE ■■■■■■

Die Preiskategorien beziehen sich
auf Bestellungen à la carte, jedoch
ohne teure Spezialitäten wie Abalone
oder Schwalbennester.

AMERICAN RESTAURANT   **[128 A4]**
Der Name täuscht hier: Serviert wird
Pekingküche, lauter klassische Ge-
richte. Gute Adresse für Bettlerhuhn.
Das immer volle Uraltlokal ist schon
eine Institution. *20 Lockhart Rd | Tel.
25 27 10 00* | €

BISTRO MANCHU   **[127 D3]**
Das freundliche kleine Lokal in
SoHo serviert nordchinesische Kü-
che, darunter Jiaozi-Teigtaschen

> GOURMETTEMPEL
Feinstes für Besteck und Stäbchen

CAPRICE ✴   **[127 D2]**
Die französische Haute Cuisine im kuli-
narischen Flaggschiff des Four Seasons
Hotels wetteifert mit dem Blick in die
offene Küche und über den Victoria
Harbour. Ab 110 Euro. *3 Finance St |
Tel. 31 96 88 88*

FORUM   **[128 C4]**
Kantonesisch. Chefkoch Yeung Kwun Yat
gilt als weltbester Abalone-Experte.
Topqualitäten erzielen hier astronomi-
sche Preise – pro Stück bis über 2000
Euro. Wer bescheidener ordert, kommt
mit 70 Euro aus. *485 Lockhart Rd | Tel.
28 69 82 82*

GADDI'S   **[124 C6]**
Französisch. In diesem legendären
Spitzenrestaurant ist der koloniale Prunk
noch immer lebendig. À la carte deutlich über 120 Euro pro Person. *Peninsula
| Salisbury Rd | Tel. 23 15 31 71*

NOBU   **[124–125 C–D6]**
Innovative Japanküche. Diese Filiale
eines aus Japan bereits rühmlich be-

kannten Gourmettempels weckte schon
vor ihrer Eröffnung 2007 die höchsten
Erwartungen von Hongkongs Gastro-
kritikern – und sie wurden nicht ent-
täuscht. Ab 90 Euro. Nur abends. *Inter-
continental Hotel | Salisbury Rd | Tel.
23 13 23 23*

ONE HARBOUR ROAD ✴   **[128 A3]**
Allerfeinste Kantonküche wetteifert
hier mit dem Hafenpanorama. Es gibt
die beste geröstete Ente der Stadt.
Rechnen Sie mit mindestens 50 Euro
pro Person. Der etwas einfallslose
Name ist die Adresse. *Grand Hyatt,
8. OG | Tel. 25 84 79 38*

PETRUS ✴   **[127 F4]**
Französisch. Wenn das höchste Hotel
der Stadt auf der höchsten Etage sein
Spitzenrestaurant einrichtet, darf man
mehr erwarten als ein grandioses Panorama – z. B. Weine bis über 10 000
Euro pro Flasche. Mittags ab 35 Euro,
abends ab 100 Euro pro Person. *Island
Shangri-La, 56. OG | 88 Queensway |
Tel. 28 20 85 90*

nach Pekingart und diverse süß-saure Gerichte. *33 Elgin St | Tel. 25 36 92 18 |* €€

Insider Tipp
BO INNOVATION [127 D3]

Innovative Gaumenfreuden: Hier gibt's Chinesisches auf französische Art, kombiniert mit dem Besten aus aller Welt. Sogar die internationale Presse bis hinauf zum Wall Street Journal berichtete über das Lokal. *32–38 Ice House St | Tel. 28 50 83 71 | www.boinnovation.com | mittags* €€, *abends* €

CHUEN KEE ⭐ [133 E3]

Fisch und Meeresfrüchte, frisch aus dem Bassin. Man kann sogar draußen sitzen und auf die Boote gucken, die im Hafen dümpeln. Das Lokal ist auf Ausländer eingestellt und hat gekühlten Weißwein vorrätig. *Sai Kung | 53 Hoi Pong St (Hafenpromenade, Südende hinterm Schmucktor) | Tel. 27 91 11 95 | Bus 92 ab MTR Diamond Hill |* €€

Insider Tipp
DIM SUM [129 D6]

Der Name verrät, welche Köstlichkeiten locken, nicht aber, wie fein sie sind, dass man sie aus einer englischen Karte mit Abbildungen bestellen kann und welch nostalgisches Ambiente Holz, Ventilatoren und alte Plakate in dem 14-Tische-Teehaus schaffen. Mittags besonders typisch (und billiger als am Abend), doch sonntags lange Wartezeiten! *63 Sing Woo Rd | Tel. 28 34 88 93 |* €€

DONG [124 C5]

Hochklassige Kantonküche in einem trendigen Lokal: angenehm das warme Ambiente und die geringe Größe, das geschulte Personal und die Tatsache, dass man hier dank klug zusammengestellter Menüs mit kleinen Portionen mittags und abends zur Not sogar allein chinesisch speisen

Dimsum sind die große Attraktion der kantonesischen Küche

CHINESISCHE KÜCHE

kann. *2/F, 118–130 Nathan Rd, Hotel Miramar | Tel. 23 15 51 66 | €€*

HUNAN GARDEN [127 D–E2]
Die Hunanküche gilt als scharf, aber hier ist man gnädig und vermerkt den Schärfegrad auf der Karte. Ebenso gnädig ist die Preisgestaltung trotz

der Lage an der Börse. Abends erklingt klassisch-chinesische Musik – live. *Forum | Exchange Square | Tel. 28 68 28 80 | €€*

KUNG TAK LAM ☙
Shanghainesisch-vegetarisch in modernem Ambiente mit Hafenblick! Insider Tipp

> SPEZIALITÄTEN
Genießen Sie die typisch Hongkonger Küche!

DIMSUM

Dimsum-Karten gibt es meist nur auf Chinesisch. In englischen Übersetzungen kommen folgende Begriffe vor:

B.B.Q. – barbecue: gegrilltes Schweinefleisch, hier als Füllung einer Teigtasche

Bun – Teigtasche, meist aus Hefeteig, manchmal süß

Dumpling – Teigtasche, meist aus Reismehl, gedämpft (Foto)

Spring roll – Frühlingsröllchen, frittiert

Taro – Taroteig, mit Mehl aus der Wurzel der Taro-Pflanze, gewöhnlich als Teigtasche mit Fleisch-Gemüse-Füllung

Tart – Mürbeteigtörtchen, oft mit *custard,* süßer Eiercreme

CHINESISCHE GERICHTE UND ZUTATEN

Abalone – Haftfuß einer Meeresschnecke, frisch oder getrocknet

Beggar's chicken – „Bettlerhuhn": im Tonmantel im eigenen Saft gegartes, ganzes Huhn

Bird's nest – Nest einer Höhlenschwalbe, als Suppe serviert, oft als Dessert

Congee – Reissuppe, entweder *plain* (ohne Zutaten) oder mit Gemüse oder Fleisch

Double sauteed pork – zweimal gebratenes Schweinefleisch

Fish ball – zu weißen Kugeln geformtes Fisch- und Garnelenfleisch, in Brühe

Garoupa – Barsch

Hainan chicken – Huhn mit Ingwermarinade auf Reis

Hairy crab – Wollhandkrabbe, Delikatesse im Herbst und Winter, gekocht

Hot pot – „Feuertopf", Fleisch-, Fisch- und Gemüsefondue; die Zutaten werden in heißer Brühe gegart

Lo Hon vegetable – diverses Gemüse (buddhistische Fastenspeise)

Peking duck – die Pekingente wird mariniert und im Ofen gegart, köstlich vor allem die krosse Haut

Wonton – mit Garnelenfleisch gefüllte Teigtasche in Brühe

Yangchow fried rice – Reisgericht aus der Pfanne mit Hühnerfleisch, Ei, Erbsen, Garnelen, Pilzen und anderen Zutaten

Auch eine Kunst: handgezogene Nudeln

Die Zutaten kommen aus eigenem biologischem Anbau. Vorzüglich für mittägliche Dimsum. *1 Peking Rd | 7. OG | Tel. 23 12 78 00* **[124 C5]**; *auch 31 Yee Wo Street | Tel. 28 90 31 27* **[129 D4]** | €

Insider Tipp LIN HEUNG TEAHOUSE [127 D2]
Ein einfaches Nachbarschafts-teehaus von vor 50 Jahren, das samt seinem Speiseangebot Jahrzehnten des Geschmackswandels trotzte. Leckere Dimsum (ab früh um sechs!), sehr billig! *160–164 Wellington St | Tel. 25 44 45 56* | €

Insider Tipp LUK YU [127 D3]
Kantonesisch. Edler und größer als das schlichte Lin Heung, wurde dieses nach dem Schutzpatron des Tees benannte, mehrgeschossige Lokal schon 1933 eröffnet. Mit seiner originalen Innenausstattung und den ähnlich alten, gestrengen Kellnern ist es ein gastronomisches Denkmal. Keine Kreditkarten! *24–26 Stanley St | Tel. 25 23 54 64 | morgens (ab 7 Uhr) und mittags mit Dimsum* €€, *sonst* €

PEKING GARDEN [127 E3]
Spezialität ist Pekingente, aber es gibt auch Bettlerhuhn und Gerichte anderer Regionalküchen. Ein allabend-licher Spaß ist die Nudelvorführung (20–20.30 Uhr): Spaghettiziehen mit bloßen Händen! *Alexandra House | Chater Rd (im MTR-Ausgang H) | Tel. 25 26 64 56; Filialen ohne Nudelshow | z.B. Star House, 3 Salisbury Rd | Tel. 27 35 82 11* **[124 C6]**; €€

RED PEPPER [128–129 C–D4]
Sichuan-Küche. Alter Familienbetrieb. Ideal für bewährte Sichuan-Gerichte wie Hühnerfleischwürfel mit Chili und Erdnüssen oder Fisch in süßsaurer Soße. *7 Lan Fong Rd | Tel. 25 77 38 11* | €€

SICHUAN GARDEN [127 F3–4]
Sowohl die scharfen Sichuan-Speisen – alle in kantonesisch-abgemilderter Version – als auch die über Kampferholz und Teeblättern geräucherte Ente munden vorzüglich. Gleiches gilt für etliche Gerichte der Peking- und Shanghai-Küche, die ebenfalls serviert werden. *The Mall | Pacific Place | 88 Queensway | Tel. 28 45 84 33* | €€

KÜCHE ANDERER LÄNDER

SHANGHAI GARDEN [127 E3]
Klassiker der Shanghaiküche. Spezialitäten des Hauses sind das „betrunkene Huhn" (in Reisweinsoße) und die sautierten Garnelen. *Hutchinson House | 10 Harcourt Rd | Tel. 25 24 81 81 | €€*

Insider Tipp SHANGHAI MIAN [128 C3]
Billig, gut, zentral und ein japanisch inspiriertes Ambiente – was ist die Folge? Schlangen am Eingang! Hat man einen Tisch ergattert, gibt es Nudelsuppen, Teigtaschen, Pfannengerichte und Obstsaftcocktails; grüner Tee ist gratis. *P311, World Trade Center | Tel. 22 65 81 88 | €*

YUNG KEE ★ [127 D3]
Klassische kantonesische Küche vom Feinsten. Das riesige Lokal ist seit 1942 im Familienbesitz. Sehr gut auch für Insider Tipp sonntägliche Dimsum ab 11 Uhr). *32–40 Wellington St | Tel. 25 22 16 24 | €€€*

■ KÜCHE ANDERER LÄNDER ■

Insider Tipp AZABUSABO [124 B5]
Japanische Tablettgedecke mit Hafenblick, sehr schick und enorm billig. Viele Dessertkreationen (Riesenportionen). Grünen Tee gibt's gratis. *Shop 2608–2610, Harbour City | Tel. 27 36 50 06 | €*

FRINGE FOTOGALERIE ▶▶ [127 D3] Insider Tipp
Gastronomischer Mehrwert: Auf der obersten Etage des Fringe Club wird um 12 Uhr ein vegetarisches Lunchbüfett aufgebaut. Das Beste ist die geräumige Dachterrasse. Kommen Sie vor 14 Uhr, sonst müssen Sie mit den Resten vorliebnehmen. *2 Lower Albert Rd | €*

GAYLORD [124 C5]
Hongkongs bekanntester Inder erfreut seine Gäste schon seit 1972. Auch vegetarische Gerichte, gepflegte Atmosphäre. *23–25 Ashley Rd | Tel. 23 76 10 01 | €€*

INDOCHINE 1929 ★ [127 D3]
Vietnams Küche vereint das Beste dreier kulinarischer Welten – derjenigen Frankreichs, Südostasiens und Chinas. Unbedingt probieren: die in Salatblätter zu wickelnden Frühlingsrollen, die Salz-Pfeffer-Krebse und den wunderbaren Tofu. Günstiger Mittagstisch. *2/F, California Tower | Lan Kwai Fong | Tel. 28 69 73 99 | €€€*

M AT THE FRINGE ★ ▶▶ [127 D3]
Kreative mediterrane Cuisine von Portugal bis zur Türkei. Dem halbelliptischen, warm getönten Raum im kolonialen Altbau des „Fringe"-Kul-

＞DIE SCHNUPFENFALLE
Klimatisierung ist in Hongkong Prestigesache

Welcher Restaurantbesitzer möchte sich schon in den Ruch bringen, ausgerechnet bei der Klimatisierung zu knausern? Da kommt man dann nassgeschwitzt in Räume, die einem schon nach einer Viertelstunde eiskalte Schauer über den Rücken jagen. Spätestens am dritten Tag ist die Erkältung da. Deshalb immer eine Strickjacke oder ein Sweatshirt mitnehmen!

turclubs eignet ein Flair von Edel-
boheme. Die witzigen Sitzmöbel wirken wie eine Kreuzung aus Sessel
und Cello. *2 Lower Albert Rd | Tel.
28 77 40 00 | €€€*

Arts Centre. Eigentlich ist es kein
richtiges Restaurant, aber es wird ein
Mittagstisch serviert, und auch sonst
kann man sich stärken. Küche bis
20.30 Uhr. *Tel. 25 88 10 01 | €*

Hongkong-Ambiente für Genießer im Peak Lookout

PEAK LOOKOUT ⭐ [126 C5]
Hongkongs schönstes Lokal versteckt sich gegenüber dem Peak Tower hinter reichlichem Grün. Es
glänzt mit vielseitiger panasiatischer
Küche, vor allem aber mit dem un-
vergleichlichen Ambiente eines kolonialen Altbaus mit Veranda und
Palmengarten. Das Niveau der Küche
entspricht nicht immer den Preisen.
121 Peak Rd | Tel. 28 49 10 00 | €€

Insider
Tipp

PUMPERNICKEL [128 A4]
Speis und Trank preiswert mit Hafenblick: Das gibt's im 4. Stock des

SPICES [U D5]
Süd- und Südostasiatisches von mild
bis scharf steht hier auf der Karte.
Großzügiges Interieur und eine Ter-
rasse mit Seeblick. *109 Repulse Bay
Rd | Repulse Bay | Tel. 22 92 28 21 |
€€€*

A TOUCH OF SPICE 📶 [124–125 C–D4]
Thailändisch-vietnamesische Küche,
serviert in einem leicht nostalgisch-
kolonialzeitlichen, warmen Dekor
mit Korbsesseln. *10 Knutsford Ter-
race | Tel. 23 12 11 18 | www.king
parrot.com | €*

> SHOPPING FAST OHNE GRENZEN

Das Einkaufsparadies ist teurer geworden.
Dennoch muss am Ende oft ein Extrakoffer her

> **Nach Hongkong zum Einkaufen, na klar!
Doch besonders die exorbitanten Ladenmieten lassen den Händlern wenig Spiel-
raum. Längst nicht jeder Kauf ist daher ein
Schnäppchen.**
Günstig zu haben sind Fernostwaren,
vor allem solche aus China. Kleidung, Taschen, Accessoires und
Haushaltswaren sind auf Straßenmärkten billig. Markenware aus Europa ist nur wenig preiswerter (z. T.
teurer) als daheim und wird nur geführt, sofern sie in Hongkong Presti-
gewert besitzt. Sehr teuer sind Alkohol und Tabak. Sonderrabatte auf
viele Waren findet man das ganze
Jahr über. Feste saisonale Schluss-
verkaufszeiten gibt es nicht.

Erwerben Sie hochwertige Artikel
nur in Fachgeschäften bzw. bei Ver-
tragshändlern *(authorized dealers)*
und am besten bei solchen Firmen,
die das Qualitätssiegel des Fremden-
verkehrsamts (Hong Kong Tourism

Bild: Einkaufszentrum Landmark im Central District

EIN KAUFEN

Board, HKTB) tragen: ein goldenes Q mit einem chinesischen Zeichen drin, welches das Gleiche bedeutet wie das Q: geprüfte Qualität bei Produktkenntnis, Beratung, Ehrlichkeit usw. Den „Guide to Quality Shops", der alle diese Adressen verzeichnet, gibt es gratis an den HKTB-Infoschaltern.

Bei technischem Gerät (Fotoapparate, Videokameras, Hi-Fi-Geräte etc.) sollten Sie schon vorher möglichst genau wissen, welches Fabrikat und welches Modell infrage kommt, da die Fachberatung oft sehr zu wünschen übrig lässt. Die örtlichen Einzelhandelsrichtpreise können Sie bei den Hongkonger Repräsentanzen der jeweiligen Markenfirmen erfragen. Die HKTB-Büros können Ihnen die betreffenden Adressen heraussuchen.

In Kaufhäusern, Supermärkten und bei herabgesetzten Waren gelten

BRILLEN & KONTAKTLINSEN

Festpreise. In Kamera- und Hi-Fi-Läden, bei Schmuck, Uhren und ähnlichen Waren sowie auf Straßenmärkten werden dagegen oft Nachlässe eingeräumt, deren Höhe im Prinzip Verhandlungssache ist. Bei deutlich über 10 Prozent für hochwertige Waren muss jedoch vermutet werden, dass der Händler Sie mit der Ware betrügen will. Auf Einkäufe

Hongkong heute aber für Chinatypisches. Es ist zwar teurer als in China selbst, aber dafür erhält man meistens die beste Exportqualität. Typisch ist auch Jade (siehe „Schmuck"). Zu Haushaltswaren vom Dämpfkorb bis zum Tischkarussell geleitet der Stadtspaziergang Nr. 1, zu Trödel und Kunst (siehe „Kunst, Antikes, Trödel") Spaziergang Nr. 3.

Hongkong lädt zur Schnäppchenjagd – doch Vorsicht bei hohen Rabatten

mit Kreditkarte wird in der Regel kein Rabatt gewährt. Möchten Sie unbar zahlen, so sagen Sie dies besser frühzeitig.

Verlangen Sie bei Geräten eine weltweit gültige Garantie sowie eine Betriebsanleitung in einer Ihnen verständlichen Sprache. Manches ist nur deswegen billiger, weil die Garantie nur für Hongkong gilt. Beachten Sie dies bei Preisvergleichen. Leisten Sie keine Anzahlungen, allenfalls in geringer Höhe bei Firmen mit Q-Siegel. Bei Auftragsarbeiten (Schneider, Optiker) wird jedoch eine Anzahlung von mindestens 50 Prozent erwartet. Mehr als für Preisgünstiges lohnt

BRILLEN & KONTAKTLINSEN

Etwas preisgünstiger als daheim bei gleich hohem technischem Standard. Optikerketten wie *Optical 88* und *The Optical Shop* haben Filialen in allen Stadtteilen. Eine Auswahl auch pfiffigerer Gestelle führen *Grand Optical | Shop 2501, Zone A, Gateway Arcade | Harbour City* [124 B–C5] und *Canaan | 18 Stanley St* [127 D3].

BÜCHER

SWINDON BOOK CO. [124 C5]
Größter englischer Buchladen der Stadt, reich an China- und Hongkong-Titeln. *13–15 Lock Rd*

COMPUTER

Günstig für Zubehör. Zentral gelegen ist die *Star Computer City* | *Star House, 2. OG* | *3 Salisbury Rd* [124 C6]. Größer und preisgünstiger ist das Sortiment im Wanchai Computer Centre | *130 Hennessy Rd* [128 B4] und in der *Computer Mall* auf den Etagen 10 bis 12 des *Windsor House* | *Great George St* [129 D4].

Insider Tipp

EINKAUFSZENTREN

Hier bummeln Sie klimatisiert und im Trockenen. Überwiegend wird ein gehobenes Sortiment geführt. Auf der Insel lohnen vor allem das mondäne, sehr teure *Landmark* [127 D3], die elf Verkaufsetagen des ⭐ *Times Square* [128 C4] und das edle, dreigeschossige ⭐ *Pacific Place* [127 F3–4] mit einer Filiale des japanischen Kaufhauses Seibu. In Kowloon hervorzuheben sind die zusammenhängenden, labyrinthischen Komplexe *Ocean Terminal, Ocean Centre, Gateway Arcade* und die Ladenstraße des *Hongkong Hotel*. Sie firmieren gemeinsam als *Harbour City* [124 B–C 5–6]. Allein einmal alle Ladenfronten abzuschreiten dauert dort Stunden. Spektakulär in Mong Kok: *Langham Place* [124 C1].

ELEKTRONISCHE & OPTISCHE GERÄTE, KAMERAS

Meiden Sie die Touristenläden im Bereich Peking Road/Nathan Road [124 C5], die keine Preisschilder ins Fenster stellen!

Falls Sie keine echte Profiausrüstung brauchen, gehen Sie zunächst in die Sai Yeung Choi Street ab Nelson Street südwärts [124 C1]. Dort führen mehrere Elektronik- und Kameraläden gängige Ware zu niedrigen Festpreisen. Für Heimkinoausrüstung schauen Sie ins *Mongkok Hi-Fi Centre* | *Tong Choi St, Ecke Nelson St* [124 C1].

Insider Tipp

Hi-Fi- und Videogeräte sowie Kameras zu reellen Preisen führt auch der Technikmarkt *Fortress* mit Filia-

MARCO POLO HIGHLIGHTS

⭐ **Times Square**
Shopping modern auf elf Etagen
(Seite 61)

⭐ **Pacific Place**
Edler Konsumtempel mit Seibu-Filiale
(Seite 61)

⭐ **Shanghai Tang**
Kleider, Stoffe, Schachteln, Taschen:
China-Nostalgie (Seite 62)

⭐ **Granville Road**
Kleidungsschnäppchen in Tsim Sha Tsui
(Seite 63)

⭐ **Hollywood Road und Cat Street**
Schatzkiste und Fundgrube für
Trödel und alte Kunst (Seite 64)

⭐ **Chinese Arts and Crafts**
Kunstgewerbe aus China in reicher
Auswahl (Seite 65)

⭐ **Stanley Market**
Billige Freizeitmode – und vieles
mehr (Seite 65)

⭐ **Temple Street**
Paradies zum Stöbern: Hongkongs
beliebter Nachtmarkt (Seite 65)

len in allen Einkaufszentren, z. B. im *Ocean Terminal* [124 B6] und im 7./8. Stock des *Times Square* [128 C4].

Überhaupt sind die Times-Square-Etagen 7 und 8 vorwiegend der Unterhaltungselektronik und den Kameras gewidmet. Dort werden auch gehobene Ansprüche befriedigt. Das Pendant auf der anderen Hafenseite ist der 3. Stock des *Ocean Centre* [124 C5–6]. Witzig ist der *JC Shop (Shop 919, Times Square)* mit quietschbunten Radios, MP3-Playern und allerlei Elektronik-Schnickschnack.

Insider Tipp

Achten Sie darauf, dass man die Sachen einpackt, für die Sie bezahlen. Denken Sie bei Videogeräten an die Kompatibilität.

KAUFHÄUSER & BESONDERE LÄDEN

DAISOLAND [129 D3]
Ein Laden, in dem es keine Preisschilder gibt: Alles kostet 10 $. *34 East Point Rd*

LCX ▶▶ [124 B6]
Bonbonfarben auf Schwarzweißgrau und schrägwinklig, bietet dieses Boutiquenensemble Präsentations- und Designideen fürs 21. Jh. Zu kaufen ist Zeitgeist – anzuziehen, aufzuschminken, umzulegen. *3. Stock, Ocean Terminal*

MUJI [128 C4]
Schlichtheit als Kult. Das minimalistische Design des japanischen Ladens reicht vom Hemd bis zum Aktenordner, vom Sektglas bis zum Knabbergebäck. *3. OG, Lee Theatre Plaza | 99 Percival St*

SHANGHAI TANG ★ [127 D3]
Das witzig-farbenfrohe chinesische Kontrastprogramm zum japanischen Muji: Hier bekommen Sie Damenkleidung in klassisch chinesischem Schnitt, ferner Stoffe und Schachteln, Kissen und Taschen sowie allerlei Kleinkram. *Pedder Building | 12 Pedder St*

Straßenmarkt im Central District: Hier kauft man richtig billig

SOGO [128–129 C–D4]

Hongkongs größtes japanisches Kaufhaus: zwölf Etagen mit Designermode, Delikatessen, Haushaltswaren, Kosmetik und vielem mehr, das meiste im Mittel- bis Hochpreisbereich. *555 Hennessy Rd*

YUE HWA CHINESE PRODUCTS [124 C4]

Hier gibt es fast alles, was China an exportfähigen Konsumgütern liefert – von der Seidenbluse über Radios und chinesische Arznei bis zu Kunsthandwerk. Daneben wird auch internationale Markenware geführt. *301–309 Nathan Rd*

▮ KLEIDUNG ▮▮▮▮▮▮▮▮▮▮▮▮▮

Preislich attraktiv sind Freizeit- und Sportkleidung. Dagegen sind das mittlere Preissegment sowie Haute Couture meist teurer als in Europa. Zuweilen findet man jedoch stark herabgesetzte Ware. Die Boutiquen mit Haute Couture konzentrieren sich auf die Luxushotels und Einkaufszentren (vor allem das *Pacific Place*). Ein preislich breiteres Spektrum guter Qualitätsware bieten die japanischen Kaufhäuser, z. B. *Sogo*.

Preisgünstigere Angebote von gutem *Prêt-à-porter* bis zu ausgesprochener Billigware finden Sie überall. Ein Schwerpunkt für junge Mode sowie Sport- und Freizeitkleidung ist die ★ *Granville Road* zwischen Carnarvon Road und Chatham Road [124–125 C–D5]. Zuweilen ist hier auch zweite Wahl von hochwertiger Designerware zu entdecken, erkennbar an zerschnittenen Etiketten. Für Kaschmirpullover und Seide lohnt ein Gang durch die chinesischen Kaufhäuser.

ISLAND SHOPPING CENTRE, CAUSEWAY PLACE ▶▶ [129 D4]

Labyrinthe mit kleinen Boutiquen – trendige Klamotten für junge Leute von Hongkonger Modemachern. *Ecke East Point Rd/Great George St*

LADIES' MARKET [124 C1]

An zahllosen Ständen finden Sie zwar wenig Kleidung in europäischen Größen (Damen und Herren), doch es gibt auch Accessoires und Kinderkleidung. Nichts Hochwertiges, dafür größtenteils spottbillig. *Nachmittags und abends | Tung Choi St, südlich der Argyle St*

LANE CRAWFORD

Edelkaufhäuser mit internationaler Mode (auch Schmuck). *Podium 3 International Finance Centre (IFC)* [127 E2]; *Pacific Place | 88 Queensway* [127 F3–4]

PEDDER BUILDING [127 D3] Insider Tipp

In einem der letzten Altbauten des Central Districts verbergen sich auf den oberen Etagen (unten: Shanghai Tang!) zahlreiche kleine Läden, teilweise mit Direktverkauf ab Fabrik. *12 Pedder St*

STANLEY MARKET [U D6]

Im Zentrum des alten Orts im Inselsüden drängen sich Läden und Stände voller Konfektionsware – Jeans, Seidenblusen, Pullover, Sport- und Freizeitkleidung. Vorsicht bei Markenimitaten! *Bus 6 ab Exchange Square*

▮ KOFFER & TASCHEN ▮▮▮▮▮▮▮▮

Riesige Auswahl. Günstig kaufen Sie in den chinesischen Kaufhäusern.

Billiger und überraschend gut kauft man auf dem *Temple-Street-Markt* [124 C3] und dem *Ladies' Market* [124 C1].

■ KUNST, ANTIKES, TRÖDEL ■

Vorsicht, Fälschung! Auch ein Echtheitszertifikat muss nicht echt sein, und selbst die seriösesten Händler fallen auf Fälschungen herein. Trotzdem sind Sie dort am ehesten auf der sicheren Seite, wo Sie sorgsame Auslagen sehen, in denen jedes einzelne Stück zur Geltung kommt. Aber auch

>LOW BUDGET

> *Apliu-Street-Flohmarkt:* Viel alter Krempel, aber superbillig für fabrikneuen Kleinkram wie Taschenlampen, Nagelknipser, Lupen, Spielzeugautos, Ferngläser ... *Tgl. ab mittags* [122 A4]

> *Fa Yuen Street:* Niedrige Preise und Atmosphäre wie vor zwanzig Jahren: T-Shirts, Haushaltswaren, Unterwäsche, Strickwaren, Kinderkleidung, Strümpfe, Taschen, Frottee, Spielzeug, Obst, künstliche Blumen ... *Tagsüber zwischen Prince Edward Rd und Mong Kok Rd* [122 B5–6]

> *The Lanes:* Zwei Gässchen, wie man sie mitten in Central nie vermuten würde – Stände mit Kleidung, Schuhen, Modeschmuck, Stoffen und anderem Kram zu Billigstpreisen – sofern Sie ordentlich feilschen. *Tagsüber* | *Li Yuen St East & West* [127 D2]

> Hongkong kennt keine saisonalen Schlussverkaufszeiten, aber im Frühjahr wird Kaschmirware oft stark verbilligt angeboten.

wo die Regale voll stehen wie auf dem Flohmarkt, mögen Sie etwas finden, das Ihnen gefällt, und sei es eine ehrliche Replik. Die sollte dann aber auch kein Vermögen kosten.

Immer mehr im Kommen ist moderne Kunst aus China. Hongkongs Galerien lohnen den Besuch!

HOLLYWOOD ROAD UND CAT STREET

Die Gegend der Antiquitäten- und Kunsthändler zieht sich vom oberen Ende der Wyndham Street [127 E3] bis zur Possession Street [126 C2] hin. Das Spektrum der Schätze reicht von Porzellan und Jade über buddhistische Plastik, Teppiche und Möbel bis zu Tuschbildern, Lackwaren und aktueller Kunst – Letztgenannte vor allem in der Wyndham Street.

Am meisten Vergnügen bereitet das Stöbern wohl in der *Upper Lacar Row*, auch auch als „Cat Street" bekannt. Sie ist eine wahre Fundgrube. Ob chinesisches Kunsthandwerk, gebrauchter Hausrat oder Devotionalien der Mao-Ära: Hier gibt es immer etwas zu entdecken. Dran denken: Sie müssen feilschen.

Zu beiden Straßen führt auch der Spaziergang Nr. 3.

YAN GALLERY   [127 D3]

Eine rührige Galerie für moderne Kunst. *46 Lyndhurst Terrace*

■ KUNSTHANDWERK ■■■■■■

Chinas niedriges Lohnniveau und seine traditionelle Kunstfertigkeit sorgen für ein reiches Angebot an Lackwaren, Cloisonné, Porzellan, Schnitzwerk, Stickereien, Jadeschmuck und anderen exotischen Fernostwaren. Die Raffinesse und

Eleganz alter Kunst ist jedoch oft schwer zu entdecken.

Alle chinesischen Kaufhäuser verfügen über große Kunsthandwerksabteilungen. Teurer, aber auch ästhetisch ansprechender ist das Angebot in den speziellen Kunsthandwerksläden.

■ MÄRKTE

STANLEY MARKET ⭐ [U D6]

Der Schwerpunkt liegt auf Kleidung, doch der beliebte Markt ist auch eine Fundgrube für Schmuck, Spielzeug, Tischwäsche, Bilder und hübsches Kunsthandwerk. *Tagsüber | Bus 6 ab Exchange Square*

Moderne Kunst aus China ist im Kommen – Hongkongs Galerien lohnen den Besuch

CHINESE ARTS AND CRAFTS ⭐

Mit seinem überaus reichen Sortiment ist dieser riesige Laden Hongkongs führendes Geschäft für nicht-antiquarisches Kunsthandwerk aus China. Das meiste mögen Sie anderswo – vor allem in China selbst – billiger bekommen, doch hier ist die Auswahl am größten und die Qualität erstklassig. *Star House | 3 Salisbury Rd* [124 C6]; *China Resources Building | 26 Harbour Rd* [128 B4]

TEMPLE STREET ⭐ [124 C3]

Hongkongs beliebter Nachtmarkt ist eine Attraktion. Besonders im südlichen Abschnitt drängt sich eine außerordentliche Warenfülle auf engstem Raum: Kleidung, Taschen, Sonnenbrillen, Spielwaren, Uhren, Elektronik neu und gebraucht. Der Markt setzt sich nördlich vom Tin-Hau-Tempel fort. An traditionellen Straßengarküchen, den Daipaidongs, speist man wie in alten Tagen. Versäumen Sie nicht, um den Parkhausblock südlich vom Tin-Hau-Tempel herumzugehen: Dort finden Sie Wahrsager, und Laienmusiker geben Kantonoper zum Besten. *Tgl. 18 bis gegen 23 Uhr*

Kaleidoskop der Schmucksteine: Stand auf dem Jademarkt

■ MÖBEL & DEKO ■

Schwerpunkt der Branche ist das Westende der *Queen's Road East* [128 A4–5]. In kleinen Läden enthüllen nur die Kataloge das volle Angebotsspektrum. Beachten Sie auch die Rotholzkästchen, die Läden für Rattanmöbel und für Dekostoffe (Riesenauswahl an Sofakissen!). Chinesische Möbel gibt es zudem bei *Yue Hwa Chinese Products | 301–309 Nathan Rd* [124 C4].

■ MUSIK ■

Vorsicht vor Billig-CDs auf Straßenmärkten: Es sind miserable Raubpressungen.

HMV

In Hongkongs größtem Musikkaufhaus gibt es so ziemlich alles. *Pacific Centre | 28 Hankow Rd* [124 C5], *Central Building | 1–3 Pedder St* [127 D3] *und weitere Filialen*

■ SCHMUCK ■

Trotz fehlender Mehrwertsteuer ist Schmuck hier nicht immer billiger als in Europa. Der chinesische Geschmack bedingt jedoch ein eigenes Design. Bedenken Sie, dass Schmuck keinen hohen Wiederverkaufswert besitzt. Gold ist weniger kritisch: Laut Gesetz muss in Hongkong der Feinheitsgrad (mindestens acht Karat) eingestempelt sein.

Am besten beginnen Sie die Suche bei den angesehenen Juwelieren im *Prince's Building* [127 E3], und zwar in den Läden 103 *(Supreme)*, 104 bis 105 *(Wai Kee,* mit Perlen) und *C. Y. Tse* (229), der zudem chinesischen Jadeschmuck führt.

Wollen Sie Jade kaufen, sollten Sie als Erstes aber zu *Chinese Arts and Crafts (Star House)* [124 C6] gehen: Die dortigen Festpreise sind hoch, aber zur Orientierung unentbehrlich.

JADEMARKT [124 C3]

Über 400 Kleinhändler breiten im Schatten der Stadtautobahn ein Kaleidoskop chinesischen Jadeschmucks aus. Lassen Sie sich als Laie nichts aufschwatzen. *Tgl. 10–18 Uhr | Ecke Kansu St/Reclamation St*

KING FOOK [127 D2]

Die etablierte Kette von Fachgeschäften empfiehlt sich besonders für Goldschmuck. Gute Beratung. *30–32 Des Voeux Rd Central und weitere Filialen*

THE OPAL MINE [124 C5]

Erstaunlicher Laden mit nachgebauter Opalmine und riesiger Auswahl. *92 Nathan Rd*

WING KUT STREET [127 D2]

Insider Tipp

Eine ganze Gasse voll Strass und falschen Perlen, aber in *Haus Nr. 6–12* wird auch echte und sehr schöne Jade angeboten.

■ SCHNEIDER

Ware von Billigschneidern ist meist rausgeworfenes Geld, vor allem, wenn alles von heute auf morgen fertig sein soll. Gute Arbeit hat auch in Hongkong ihren Preis. Bestellen Sie spätestens fünf Tage vor der Abreise, sodass Zeit für zwei Anproben bleibt, und wählen Sie einen Schneider in Ihrer Nähe. Die Schneider in den Ladenzeilen der großen Hotels sind mit überseeischer Kundschaft vertraut und verfügen über eine gute Stoffauswahl und über modische Schnitte.

■ STOFFE

Eine große Auswahl, auch an Seide, finden Sie in den chinesischen Kaufhäusern. Ansonsten sind im *Western Market* allerlei Stoffe erhältlich. Dort müssen Sie feilschen! *323 Des Voeux Rd Central* [126 C2]

■ TEE

Ein allerliebstes Stübchen zum Teekosten und Teekaufen – und ideal für eine kleine Ruhepause – ist der *Lock Cha Tea Shop* nahe der Cat Street: *288–290 Queen's Rd Central* [126 C2]; Filiale – ohne Verkostung – im *Museum of Tea Ware | Hong Kong Park* [127 E3].

Insider Tipp

Auch sehr hübsch und auf ausländische Kunden eingestellt ist der *Fook Ming Tong Tea Shop | 3225, Gateway Arcade, Harbour City* [124 B5].

■ TEPPICHE

CHINESE CARPET CENTRE [125 D6]

Gute und große Auswahl an eleganten Chinateppichen. *L021 New World Centre*

TAI PING CARPETS LTD [127 E3]

Chinateppiche in modernem Design. Der Schauraum der Traditionsfirma ist klein, aber der Besuch lohnt sich. *213 Prince's Building*

■ UHREN

In der Stadt finden Sie eine riesige Auswahl von teuerster Schweizer Markenware über Modeuhren bis zur falschen Rolex. Kaufen Sie Markenuhren daher sicherheitshalber nur vom Vertragshändler. Ansonsten empfehlen sich die in allen Stadtteilen reichlich vertretenen Filialen der Firma *City Chain*. Tisch- und Wanduhren sind in den Kaufhäusern erhältlich.

> KNEIPEN, JAZZ UND FREILUFTOPER

Ob chinesische Musik oder Nachtclub –
für jeden findet sich das Passende

> **Das Nachtleben großer Hafenstädte gilt meist als unanständig – so auch im Falle Hongkongs.**
Zwar fallen einzelne Herren auch hier schon mal Neppern und Schleppern zum Opfer, aber die Wahrheit über Hongkong am Abend ist: Es geht hier auf bunte und angenehme Weise ebenso zwanglos wie gesittet zu. Rasch fühlt man sich heimisch, sei es beim Symphoniekonzert oder beim Bier beispielsweise in einer irischen Kneipe. Nur beim Karaoke bleiben die sangesfreudigen chinesischen Cliquen eher unter sich.

Zum Beispiel in ★ ▶▶ *Lan Kwai Fong,* dem Synonym für Hongkongs Nachtleben. In dem abends autofreien Karree am oberen Ende der D'Aguilar Street [127 D3] drängen sich Bars, Kneipen und ziemlich elegante Restaurants.

Zweiter Schwerpunkt ist ▶▶ *SoHo,* „South of Hollywood Road". Hier,

Bild: Felix im Peninsula Hotel

AM ABEND

im Bereich Staunton Street/Shelley Street [127 D3], beiderseits des Central Escalator, finden sich viele internationale Restaurants, teils auch mit Barbetrieb. Schon dehnt sich SoHo bis nach *BoHo* – „below Hollywood Road" – aus.

Der dritte Schwerpunkt ist traditionell der bekannteste: der Bereich [128 A4] von Wan Chai, das freilich nicht halb so verrucht ist, wie sein Ruhm aus alten Tagen verheißt.

In Tsim Sha Tsui bietet die autofreie *Knutsford Terrace* ein Lan Kwai Fong im Kleinformat [124–125 C–D4]. Immer eindrucksvoll ist das nächtliche Hafenpanorama beim *Cultural Centre* [124 C6]. Den Erlebnisgipfel gibt es dort allabendlich um acht: die ★ *Symphony of Lights.* Laserkanonen auf 67 Hochhäusern verwandeln den Hafen dann von beiden Seiten aus in ein gigantisches Lichttheater, das an der Promenade sowie gegen-

Insider Tipp

über am Kongresszentrum noch mit Musik untermalt und an besonderen Tagen mit Feuerwerk aufgepeppt wird.

Oder gesellen Sie sich zu den Hongkongern: Die nämlich fluten zum Feierabendspaß nach ▶▶ *Causeway Bay* in die Kaufhäuser, Boutiquen, Kinos und Lokale oder treffen sich zum Tête-à-tête nebenan im

Insider Tipp

■ BARS & KNEIPEN ■

AQUA SPIRIT ★ ⚘   [124 C5–6]
Die Bar der Bars: Hier liegt Ihnen ganz Hongkong zu Füßen. Was für ein Panorama! Wenn man den Mund nicht wieder zubekommt, dann leider womöglich auch wegen der rechten Spalte auf der Getränkekarte. Hier ist eben alles unvergesslich. *30. Stock, 1 Peking Rd*

Hongkong am Abend: Bar im Szeneviertel Lan Kwai Fong

Victoria Park. Bummeln Sie mit und schnuppern Sie Hongkong-Atmosphäre, wie sie typischer nicht sein kann! [128–129 C–D 3–4]

Falls der Abend feuchtfröhlich werden soll, räumen Sie übrigens vorher besser die Kreditkarten aus der Börse und zahlen nach jeder Bestellung bar. Vorsicht: Alkohol ist verdammt teuer!

CHINA TOWN   [128 A4]
Witzig-ironisches Bar-Ambiente in Schwarz-Rot-Gold mit einem Drachen als Blickfang. Man kann auch draußen sitzen. Erdnüsse gibt's gratis! *78–82 Jaffe Rd*

LA DOLCE VITA ▶▶   [127 D3]
Nomen est omen: In üppigen Anita-Ekberg-Rundungen drängt sich die

❯ *www.marcopolo.de/hongkong*

Bar bis an die Straße. Der Ort zum Sehen und Gesehenwerden. *9 Lan Kwai Fong*

FELIX ⭐ 🌿 [124 C6]

Eine andere Galaxis. Die irre Designkreation von Phillippe Starck versteht sich als Restaurant, doch berauschender als die teuren Speisen sind die Glasbodenbars und der Ausblick, atemberaubend in der Abenddämmerung. Grüne Minidisko *Crazy Box.* Spitze: die WCs. *Zugang aus der westlichen Ladenpassage | Peninsula | Salisbury Rd*

FRINGE-CLUB-DACHGARTEN [127 D3]

Sie fühlen sich ruhebedürftig, aber noch nicht müde? Dann bietet sich der Dachgarten auf dem Fringe Club an. Dort serviert die Fotogalerie abends Tapas und Getränke. *2 Lower Albert Rd*

MES AMIS

Eine chinesisch-westliche Klientel schätzt vor allem die große Wan-Chai-Filiale mit ihren langen, offenen Fronten und einer eindrucksvollen Flaschensammlung über der Bar.

Eine klasse Idee sind die Riesencocktails für mehrere. Man kann auch speisen, Mi, Fr und Sa legt ein DJ Platten auf, Mi ab 22 Uhr ist „Ladies' Night" mit Gratissekt „for the fairer sex". *83 Lockhart Rd, Ecke Luard Rd* [128 A4]; *auch 15 Ashley Rd* [124 C5], *35 Pottinger St* [127 D3]

POST 97 [127 D3]

Ob seriös oder flippig: Auch „nach 1997" fühlt sich im beliebtesten Kneipenrestaurant von Lan Kwai Fong jeder wohl. Hier passt alles zusammen: das warme Interieur, die internationale Küche, das gemischte Publikum. *Nr. 9–11*

THE WANCH ▶▶ [128 A4]

Seit Jahren beliebte Tränke für die Liebhaber von Livemusik, Pop und Rock. Laut. *45 Jaffe Rd*

WEINSTUBE [124 C5]

So heißt es. Aber in dem netten kleinen Lokal hören Sie womöglich mehr Kantonesisch und Englisch als Deutsch – und es fließt mehr Bier als Wein. Sehr deutsch sind allerdings die Gerichte. *22 Ashley Rd*

MARCO POLO HIGHLIGHTS

⭐ **Lan Kwai Fong**
Magnet am Abend: Kneipen- und Restaurantgegend mit Flair (Seite 68)

⭐ **Symphony of Lights**
Bühne frei für die weltgrößte Licht- und-Musik-Show! (Seite 69)

⭐ **Aqua Spirit**
Teure Drinks und unbezahlbares Panorama (Seite 70)

⭐ **Felix**
Galaktisch: das Kabinett des Philippe Starck (Seite 71)

⭐ **Beijing Club**
Derzeit angesagtester Club für die Feierabendpartys (Seite 72)

⭐ **Temple Street**
Musik auf dem Nachtmarkt (Seite 73)

NACHTCLUBS & DISKOTHEKEN

Unbedingt beachten: Ohne schicke, vollständige Kleidung bleibt man draußen!

BEIJING CLUB ⭐ ▶▶ [127 D3]

Neuester Superclub der Lan-Kwai-Fong-Szene. Auf drei Etagen steigen hier die Feierabendpartys der Bürohengste und -damen des Central Districts. *2–8 Wellington St*

CLUB BBOSS [125 D5]

Der größte und berühmteste der Hongkonger Hostessenclubs. Diese Luxusgewächse des hiesigen Nachtlebens verdanken ihre Existenz chinesischer Kurtisanentradition und den Konten internationaler Spesenritter. Ihre Merkmale: aufwendiges Interieur mit Tanzflächen, Bands, Floorshows, Bars und Karaoke sowie Gesellschafterinnen, mit denen man plaudern, trinken und tanzen kann. Doch Vorsicht: Jede Viertelstunde schlägt zu Buche!

Der Club Bboss (sprich: Biboss) beschäftigt auf 6500 m^2 Fläche mehr als 1000 First-Class-Hostessen; ein Elektrocabrio chauffiert Gäste eine glitzernde Straße entlang – ein irres Lokal mit entsprechenden Preisen. Der Mindestverzehr beträgt ab 21 Uhr 1176 $. *Tgl. ab 13 Uhr | New Mandarin Plaza | 14 Science Museum Rd*

DROP ▶▶ [127 D3]

Abends: eine Cocktailbar. Nachts: ein heißer Club mit der besten Stimmung und verrückten Ideen für Sonderaktionen an normalen Wochentagen. Klasse DJs und hohe Getränkepreise. Achtung: Kein Schild an der Tür! *39–43 Hollywood Rd, Eingang Cochrane St*

JOE BANANAS ▶▶ [128 A4]

Das flotte, viel besuchte Lokal ist alles zusammen: Kneipe, Restaurant und Diskothek – ideal für Nachtschwärmer. Täglich außer sonntags spielen Bands, Mittwoch ist „Ladies' Night" mit Gratisdrinks. *Eintritt Mi, Fr und Sa ab 22 Uhr | 100 $ | 23 Luard Rd*

THEATER, KONZERTE, BALLETT

In einer ganzen Reihe von Spielstätten präsentiert Hongkong heute ein internationales Kulturangebot, das Beachtung verdient. Gegenüber den auswärtigen Stars, die zu Gastspielen kommen, kann sich das einheimische Schaffen jedoch oft nur schwer durchsetzen.

Der kulturelle Aufschwung begann 1975 mit der Gründung des Philharmonic Orchestra, vier Jahre später kam das Hong Kong Ballet dazu. Unterdessen gibt es ein chinesisches Orchester, ein Sprechtheater-

>LOW BUDGET

> Nutzen Sie die *Happy Hour,* wenn es zwei Getränke zum Preis von einem gibt – meist ab Büroschluss, zuweilen auch deutlich früher, bis 20 oder 21 Uhr.

> *Ladies' Night:* Die meisten Diskotheken bieten an einem Wochentag (meist Mittwoch) Gratiseintritt, Gratissekt oder Ähnliches „for the fairer sex".

ensemble sowie viele kleinere und Amateurgruppen.

ARTS CENTRE [128 A4]
Das Haus gestaltet mit einem vielseitigen Angebot an Theater, Film, Ausstellungen und Konzerten einen wesentlichen Teil von Hongkongs Kulturleben. Auch das hier untergebrachte, sehr rührige Goethe-Institut trägt dazu bei, ebenso wie die westlich benachbarte Academy for Performing Arts. *2 Harbour Rd | Tel. 25 82 02 00*

CITY HALL [127 E3]
Das „Rathaus" fungiert auch als Kultur- und Veranstaltungszentrum. Fast täglich finden hier Konzerte und Theateraufführungen statt. *Edinburgh Place | Tel. 29 21 28 40*

CULTURAL CENTRE [124 C6]
Hongkongs modernste und bedeutendste Spielstätte umfasst einen Konzertsaal (mit Asiens größter Pfeifenorgel), einen Theatersaal und ein Studiotheater. *10 Salisbury Rd | Tel. 27 34 20 09 und 27 34 20 10*

FRINGE CLUB [127 D3]
Insider tipp

Der muntere Kulturverein bietet ein Forum des aktuellen und experimentellen Schaffens mit Theater, Performances, Musik, Ausstellungen und vielem mehr. *2 Lower Albert Rd | Tel. 25 21 72 51*

SUNBEAM THEATRE [129 F1]
Hongkongs einzige ständige Spielstätte für Kantonoper und andere chinesische Opernstile. Achtung: nicht für „Westler" aufbereitet, musikalisch dürfte es für die meisten keine

leichte Kost sein! *Vorstellungen meist 19.30 Uhr | 423 King's Rd | Tel. 25 63 29 59*

TEMPLE STREET ⭐ [124 C3]
Allabendliches musikalisches Freiluftvergnügen am Rande des Markttrubels. Auf der Südseite des Tin-Hau-Tempels geben Laien- und halbprofessionelle Musiker kantonesische

Beim Schminken für den Auftritt in einer Kantonoper

Opernszenen und andere volkstümliche chinesische Musik zum Besten – konzertant und gratis. (Um Spenden wird gebeten.) Nebenan reihen sich etliche Wahrsager, meist Physiognomen und Handleser. Andere arbeiten mit dressierten Vögeln. *Tgl. etwa ab 19 oder 20 Uhr | Market St (beim Parkhaus)*

> LOGISVIELFALT FÜR SCHÖNE TRÄUME

Von der Suite mit Butler bis zum Herbergsbett im Grünen – das Spektrum ist groß, der Standard oft Spitze

> Hongkongs Hotellerie hat hohe Standards. Schon in einfachen Häusern sind Klimaanlage, eigenes Bad, Telefon und Farbfernseher selbstverständlich, ebenso ein Restaurant oder Coffeeshop, wo von früh bis spät internationale Gerichte serviert werden.

Selbst Mittelklassehotels verfügen oft über ein Businesscenter sowie 24-Stunden-Service. In Spitzenhotels kommen auf jedes Zimmer über zwei Bedienstete. Der wahre Luxus erweist sich aber weniger am Service und an der Ausstattung als vielmehr am verschwenderischen Umgang mit dem knappsten und teuersten Gut, das es hier gibt: mit Platz. Unterhalb der Oberklasse wird entsprechend gegeizt. Zuweilen ist es schon ein Problem, einen größeren Koffer im Zimmer zu verstauen.

Generell gilt: Je mehr Komfort, desto größer das Haus. „Klein und fein" ist nahezu unbekannt. Begehrt

Bild: Peninsula Hotel

ÜBER NACHTEN

sind natürlich Zimmer mit Hafenblick, aber der ist fast nur in Luxushotels zu haben. Vor allem für Ge-
schäftsleute von praktischerer Rele-
vanz sind die „Executive", „Club"
oder ähnlich genannten Etagen mit
besonderem Service wie Frühstück
auf dem Zimmer, gratis Tee oder
Kaffee und Breitband-Internetanschluss.

Hongkonger Hotels sind teuer –
wie teuer genau, hängt vom Datum
ab. Vor allem die Oberklassehäuser
haben nach momentaner Marktlage
zuweilen täglich wechselnde Tarife,
bei Mittelklassehotels ändern sich
die Preise saisonabhängig. Rabatte
können bis über 50 Prozent betragen.

Die publizierten Standardtarife
(rack rates), die der Einstufung in
diesem Reiseführer zugrunde liegen,
werden Sie selten bezahlen müssen.
Fast alle Hotels erreichen Sie über
www.discoverhongkong.com/eng/

mustknow/accommodation. Alle lizenzierten Beherbergungsbetriebe sind verzeichnet unter *www.hadla. gov.hk/english.*

Freier Ausblick auf die Stadt: Restaurantplatz im Hotel Excelsior

Hotelpreise werden in Hongkong meist ohne 10 Prozent Bedienung und ohne 3 Prozent Steuern angegeben. Hier sind diese Zuschläge bereits eingerechnet.

■ HOTELS €€€

Zur Standardausstattung in dieser Gruppe gehören: Zimmer/Suiten klimatisiert mit eigenem Bad, Telefon und Breitband-Internetanschluss, WLAN, mehrere Restaurants (mindestens chinesische und westliche Küche), Coffeeshop, Bar, Businesscenter, Konferenzräume, Hotelarzt, Wäscheservice, Babysitter, hauseigenes Videoprogramm, Reisebüro. Die meisten Häuser verfügen zudem über einen Friseur sowie über Sporteinrichtungen.

EXCELSIOR ❄️ [129 D3]
Riesiges Haus im quirligen Stadtteil Causeway Bay, freier Hafenblick, Nachtclub, Tennis. 887 Zimmer (auch für Nichtraucher). *281 Gloucester Rd | Tel. 28 94 88 88 | Fax 28 95 64 59 | www.excelsiorhong kong.com*

GRAND STANFORD ❄️ [125 D5]
Mehr als die Hälfte der 578 Zimmer hat Hafenblick. Auf dem Dach befinden sich Fitnesscenter und Schwimmbad. *70 Mody Rd | Tel. 27 21 51 61 | Fax 27 32 22 33 | www. hongkong.intercontinental.com*

JW MARRIOTT [127 F3–4]
Der preisgünstigste der drei Hoteltürme des Pacific Place erfreut mit Hafenblick in rund drei Vierteln der 602 Zimmer. *88 Queensway | Tel. 28 10 83 66 | Fax 28 45 07 37 | http://marriott.com/hkgdt*

LANGHAM HOTEL [124 C5]
Zentrale Lage in Tsim Sha Tsui, kaum Hafenblick, doch 500 angenehme Zimmer mit geräumigen Bädern. Sehr schöner Health Club. *8 Peking Rd | Tel. 23 75 11 33 | Fax 23 75 66 11 | www.langhamhotels. com*

MARCO POLO
HONGKONG HOTEL ☆ [124 C6]

Dies ist ein altbewährtes Haus in bester Lage an der Spitze von Kowloon gleich bei der Star Ferry. Freier Hafenblick aus den meisten der 710 Zimmer. *3 Canton Rd | Tel. 21 13 00 88 | Fax 21 13 00 11 | www.marcopolohotels.com*

■ HOTELS €€ ■■■■■■■■■■■

Zur Standardausstattung in dieser Gruppe gehören: klimatisierte Zimmer/Suiten mit eigenem Bad sowie Telefon mit Direktwahl, Restaurant und Coffeeshop, Bar, Businesscenter, Wäscheservice, Babysitter und Buchungstresen für Ausflüge.

CENTRAL PARK HOTEL [126 C2]

Helle Pastellfarben beherrschen die 142 Zimmer dieses schicken Hotels in interessanter Lage zwischen Hollywood-Park und Antiquitätenläden. *263 Hollywood Rd | Tel. 28 50 88 99 | Fax 34 72 88 88 | www.centralparkhotel.com.hk*

EMPIRE HOTEL [128 A4]

360 Zimmer auf 21 Etagen mitten im quirligen Stadtteil Wan Chai in Fußwegentfernung zum Arts Centre und zum Kongresszentrum. Auf dem Dach befindet sich ein kleiner Pool. *33 Hennessy Rd | Tel. 28 66 91 11 | Fax 28 66 25 75*

GARDEN VIEW YWCA ★ [127 D4]

In dem bescheiden dimensionierten Turm mit 136 Zimmern (darunter 25 Familiensuiten), Pool, Fitnesscenter, Businesscenter und Restaurant blicken Sie von vielen Zimmern aus über den Zoo hinweg auf die Bürohochhäuser des Central Districts. Abwärts können Sie laufen (z. B. durch den Zoo – direkter Zugang), aufwärts die Peak Tram nehmen. Das Hotel gehört dem Christlichen Verein junger Frauen (YWCA), ist aber für alle Gäste offen. *1 Macdonnell Rd | Tel. 28 77 37 37 | Fax 28 45 62 63 | http://hotel.ywca.org.hk*

HARBOUR VIEW
INTERNATIONAL HOUSE ☆ [128 A4]

Interessante Lage zwischen Arts Centre und Kongresszentrum. 144 der 320 Zimmer haben einen preisgünstigen Hafenblick. Ab einer Woche Aufenthalt wird Rabatt gewährt. *4 Harbour Rd | Tel. 28 02 01 11 | Fax 28 02 90 63 | www.harbour.ymca.org.hk*

HOLIDAY INN GOLDEN MILE [124 C5]

Mitten im Trubel wohnen Sie hier. Die Gastronomie des 600-Zimmer-

MARCO POLO HIGHLIGHTS

★ **Garden View YWCA**
Adresse für Kostenbewusste
(Seite 77)

★ **Intercontinental**
Der Favorit für alle, die sich's leisten können (Seite 78)

★ **Royal Pacific Hotel and Towers**
Komforthotel zwischen Park und Hafen
(Seite 79)

★ **YMCA of Hongkong**
Familienhotel in Spitzenlage
(Seite 79)

Hauses ist mitteleuropäisch geprägt. *50 Nathan Rd | Tel. 23 69 31 11 | Fax 23 69 80 16 | www.goldenmile.com*

KOWLOON HOTEL   [124 C5–6]
Preiswerter Ableger des Peninsula, in sehr guter Position gleich hinter des- sen Rücken. 736 Zimmer (auch für Nichtraucher), die zwar klein, aber mit nützlichen Infoterminals (E- Mail-Zugang) und Faxgeräten ausge- rüstet sind. *19–21 Nathan Rd | Tel. 29 29 28 88 | Fax 27 39 98 11 | www. harbour-plaza.com/klnh*

> LUXUSHOTELS
Schöner wohnen mit traumhaftem Komfort

Die billigsten Zimmer kosten pro Nacht regulär mindestens 300 Euro.

FOUR SEASONS   [127 D2]
Hongkongs neueste Luxusherberge ist ausgestattet wie ein Kurhotel: 2044 m^2 Wellnessoase! Alle 399 Zimmer haben Plasmafernseher und DVD-Player. Direk- ter Zugang zur Flughafenbahn. Nur zum Golfspielen muss man das Haus noch verlassen. *8 Finance St | Tel. 31 96 88 88 | Fax 31 96 88 99 | www.fourseasons. com/hongkong*

GRAND HYATT   [128 A3]
Die riesige Halle in schwarz-goldenem Art déco, die Marmorbäder, das Hafen- panorama, die Schwimm- und Sport- landschaft auf dem Dach: Hier waltet schamlose Opulenz. 549 Zimmer. *1 Harbour Rd | Tel. 25 88 12 34 | Fax 28 02 06 77 | www.hongkong.grand. hyatt.com*

INTERCONTINENTAL ⭐ [124–125 C–D6]
Ein Anwärter auf die Krone: Luxus, der nicht erschlägt, schlichte Eleganz, Bade- wannen mit Hafenblick – werden Sie jemals schöner wohnen? 495 Zimmer, darunter 92 Suiten. *18 Salisbury Rd | Tel. 27 21 12 11 | Fax 27 39 45 46 | www. intercontinental.com*

ISLAND SHANGRI-LA   [127 F4]
Hongkongs höchstes Hotel sprengt die Dimensionen: Das Atrium (17 Etagen hoch) wird geschmückt vom größten chinesischen Gemälde der Welt (14 Eta- gen hoch). Die 566 Zimmer sind höher als üblich: damit überall ein Kronleuch- ter reinpasst. *Supreme Court Rd | Tel. 28 77 38 38 | Fax 25 21 87 42 | www. shangri-la.com/island*

MANDARIN ORIENTAL   [127 E3]
Nach einer Totalrenovierung glänzen- der als je zuvor – ein Luxusliner zu Lande. Im Spabereich begegnen sich chinesische Medizin, Ayurveda und Kneipp. 502 Zimmer und Suiten bis zu 292 m^2 Fläche. *5 Connaught Rd | Tel. 25 22 01 11 | Fax 28 10 61 90 | www. mandarinoriental.com*

THE PENINSULA   [124 C6]
Eine lebende Legende mit Superluxus vor allem im Hochhausflügel: Hi-Fi- Anlagen auf den Zimmern, Badewan- nen mit Fernseher und Panoramablick. Schon fast legendär ist die hoteleigene Rolls-Royce-Flotte. 300 Zimmer, darun- ter die teuerste Suite Hongkongs – 45 000 $ pro Nacht. *Salisbury Rd | Tel. 29 20 28 88 | Fax 27 22 41 70 | www.peninsula.com*

LAN KWAI FONG HOTEL [127 D2]

Der 33-stöckige Turm mit 163 Zimmern wurde als „Bestes Boutiquehotel Asiens" ausgezeichnet und bietet den Gästen mit seiner Verschmelzung aus Ming-Stil und Moderne eine ästhetische Offenbarung. Nur der Name mogelt: Das Kneipenviertel Lan Kwai Fong liegt zehn Minuten entfernt. *3 Kau U Fong | Tel. 36 50 00 00 | Fax 36 50 00 88 | www. lankwaifonghotel.com.hk*

ROSEDALE ON THE PARK [129 D4]

Überraschend intim auf den Etagen und in den Restaurants. 274 Zimmer mit Mobiltelefonen und Internetanschlüssen. Gute Küche. *8 Shelter St | Tel. 21 27 88 88 | Fax 21 27 33 33 | www.rosedale.com.hk*

ROYAL PACIFIC HOTEL AND TOWERS ★ [124 B–C5]

675 Zimmer – zum Teil mit Meerblick – in bester Lage zwischen Hafen und Kowloon Park (mit direktem Zugang). Ins Einkaufszentrum gelangt man, ohne einen einzigen Schritt ins Freie zu tun. Fitnesscenter, Squash. *China Hong Kong City | 33 Canton Rd | Tel. 27 36 11 88 | Fax 27 36 12 12 | www.royalpacific. com.hk*

YMCA OF HONGKONG ★ ⚜ [124 C6]

Klug gestaltetes Komforthotel. 365 Zimmer, Kindergarten, Schwimmlandschaft, Turnhalle, riesiges Spiel-, Sport- und Kursangebot, Nichtraucheretage – und das alles in Luxuslage neben dem Peninsula (viele Zimmer mit Hafenblick). Familien mit Kindern können keine bessere Wahl treffen. *41 Salisbury Rd | Tel.*

Art-déco-Pracht im Foyer des Grand Hyatt

HOTELS €

22 68 70 00 | *Fax 27 39 93 15* | *www.*
ymcahk.org.hk

■ HOTELS €

Zur Standardausstattung gehören:
klimatisierte Zimmer/Suiten mit eigenem Bad und Telefon sowie Coffeeshop oder einfaches Restaurant,
Wäscheservice und meist ein Buchungstresen für Ausflüge.

>LOW BUDGET

> Wichtigster Tipp für alle, die länger
als zwei, drei Tage bleiben: nach
reduzierten Wochentarifen fragen!

> *Alisan Guest House:* Klimatisierte
21 Zimmer mit Dusche und Telefon,
ferner Kühlschrank, Mikrowelle und
Reisebüroservice. Doppelzimmer
320 $. *5/F, Hoi To Court | 275 Glou-*
cester Rd | Tel. 28 38 07 62 | Fax
28 38 43 51 | http://home.hkstar.
com/~alisangh [128 C3]

> *New Lucky House:* In diesem Ge-
bäude an der Ecke zur Nathan Road
gibt es gleich eine ganze Reihe
angenehmer Etagenpensionen mit
Zimmern (inklusive Bad, teils auch
klimatisiert) ab 200 $, z. B. *Ocean*
Guest House (11/F | Tel. 23 85 01 25
| Fax 27 71 40 83) oder *Hakkas*
Guest House (3/F | Tel. 27 71 36 56 |
Fax 27 70 14 70). 5 Jordan Rd
[124 C4]

> *Hong Kong Hostel:* Superangebot in
Causeway Bay. 78 Zimmer mit und
ohne Bad auf mehreren Etagen,
auch Schlafsaalbetten. Doppelzimmer 300 $. Mit Internetterminals
und Waschmaschinen. *Flat A2,*
Block A, 3/F, Paterson Building |
47 Paterson St | Tel. 23 92 68 68 |
Fax 25 76 75 09 | www.hostel.hk
[129 D3]

BOOTH LODGE   [124 C2]

54 Zimmer in einem kleinen, ange-
nehmen Hotel der Heilsarmee. Zen-
tral gelegen, dabei doch ruhig. *11*
Wing Sing Lane | Tel. 27 71 92 66 |
Fax 23 85 11 40 | boothlodge.salva
tion.org.hk

CARITAS BIANCHI LODGE   [124 C2–3]

Der Nachbar der Booth Lodge ist
kein Obdachlosenasyl, sondern ein
preisgünstiges Hotel mit 90 Zimmern
in einer ruhigen Nebenstraße der
Nathan Road. *4 Cliff Rd | Tel.*
23 88 11 11 | Fax 27 70 66 69 | www.
caritas-chs.org.hk

CARITAS LODGE   [122–123 C–D5]

Ähnlich wie die Bianchi Lodge, doch
noch preiswerter, da etwas verkehrs-
ungünstig gelegen. 40 Zimmer. Rabatt ab einer Woche Aufenthalt. *134*
Boundary St | Tel. 23 39 37 77 | Fax
23 38 28 64 | www.caritas-chs.org.hk

CHUNG HING HOTEL   [124 C3]

Eine unscheinbare, doch verkehrs-
günstige Lage. Das größte Plus sind
die 126 für diese Preisklasse recht
großzügigen Zimmer. *23 Saigon St |*
Tel. 27 80 82 22 | Fax 27 80 89 98

DORSETT SEAVIEW   [124 C3]

Etwas fernen Seeblick bieten nur die
wenigsten der 268 Zimmer, aber
gleich am Tin-Hau-Tempel von Yau
Ma Tei wohnen Sie komfortabel in
einer Umgebung voller Lokalkolorit.
268 Shanghai St | Tel. 27 82 08 82 |
Fax 27 81 88 00 | www.dorsettsea
view.com.hk

ÜBERNACHTEN

Komfort in Luxuslage: YMCA of Hongkong

IBIS NORTH POINT [129 F1]

Hochhaus mit Fähr- und Straßenbahnanschluss, 275 kleine, moderne Zimmer. *138 Java Rd | Tel. 25 88 11 11 | Fax 25 88 11 23 | www. accorhotels-asia.com*

LARGOS HOTEL [124 C3]

Zentrale, doch relativ ruhige Lage, 100 vorwiegend kleine Zimmer mit Internet. *30 Nanking St | Tel. 27 83 82 33 | Fax 27 83 13 18 | www. largos.com.hk*

STANFORD HILLVIEW HOTEL [125 D4]

163 Zimmer in einem überraschend ruhigen, grünen Winkel des Touristendistrikts. *13–17 Observatory Rd | Tel. 27 22 78 22 | Fax 27 23 37 18 | www.stanfordhillview.com*

YMCA INTERNATIONAL HOUSE ❄ [124 C2]

440 Zimmer in üblicher Komfortausstattung, und der Hochhausannex mit Schwimmbad, Sauna, Squash und Tennis ist zudem ebenso neu wie schick. *23 Waterloo Rd | Tel. 27 71 91 11 | Fax 23 88 59 26 | www. intlhouse.ymca.org.hk*

WOHNEN AUSSERHALB DER STADT

CONCERTO INN [U A6]

Insider TIPP

Badeurlaub gefällig? Dieser gepflegte 8-Balkonzimmer-Gasthof, 1,5 km vom Ort Yung Shue Wan (Fähranleger) entfernt, liegt direkt am Strand. Wochentags ruhig und preisgünstig, für samstags nicht zu empfehlen. *28 Hung Shing Ye Beach | Tel. 29 82 16 68 | Fax 29 82 00 22 | www.concertoinn. hk | €*

JUGENDHERBERGEN

Alle sieben liegen mitten in der Natur. Sechs davon sind wegen ihrer Lage und Ausstattung nur für Wanderer und Ausflügler geeignet. Etwas anders die schöne Anlage auf dem Mt. Davis [U A3] (mit Zweibett- und Familienzimmern): Vom und zum Shun Tak Centre verkehrt viermal täglich ein herbergseigener Bus. *Übernachtung mit Jugendherbergsausweis ab 30 $ (Mt. Davis: 50 $) | Infotel. 27 88 16 38 | www.yha.org.hk /eng/index.jsp | Buchung auch über das deutsche Jugendherbergswerk*

WARWICK HOTEL [132 C5]

Komforthotel mit 70 Zimmern direkt am Strand; bis zur Fähre sind es etwa zehn Gehminuten. Alle Zimmer mit Balkon. Bar, Restaurants und Schwimmbad. Es werden 30 Prozent Wochenrabatt gewährt. *East Bay | Cheung Chau | Tel. 29 81 00 81 | Fax 29 81 96 73 | www.warwickhotel. com.hk | €*

> KIRCHEN UND KASINOS

Europas ältester Vorposten im Fernen Osten pflegt seine eigenen Traditionen

 KARTE IN DER HINTEREN UMSCHLAGKLAPPE

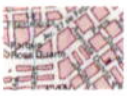

> Von Hongkong nach Portugal: eine Stunde? Tatsächlich brauchen die Tragflächenboote für die 65 km quer über die Perlflussmündung nicht länger.

Die einstige portugiesische Überseeprovinz wurde 1557 als Handels- und Missionsstation gegründet und ist die älteste europäische Niederlassung in Ostasien. Heute lockt die meisten Gäste allerdings nicht Nostalgie, sondern Glücksspielkitzel. Macau (480 000 Ew.) ist nur gut ein Viertel so groß wie Hongkong Island. Die eigentliche Stadt auf der Halbinsel lässt sich in zwei Stunden umwandern. Löhne und Preise sind niedriger als in Hongkong. Aber nicht mehr lange, denn Macau erfindet sich gerade neu. Das ging 1995 los, als der Flughafen fertig wurde. Der jüngste Schub kam mit der Neuvergabe der Kasinolizenzen. Schon heute sind die

Bild: Largo do Senado

MACAU

Wettspieleinnahmen größer als die von Las Vegas. Was aber in Cotai, der riesigen Landaufschüttung zwischen den Inseln Coloane und Taipa, schon steht oder noch kommt, übertrifft alles Bisherige bei Weitem.

Für alle, die Kasinos lieber meiden, setzt das Europäisch-Koloniale die Glanzlichter, weithin restauriert, und manches aus einer Ära, als Hongkong noch gar nicht existierte. Da sie den frühen Austausch zwischen Ost und West bezeugen, wurden 25 historische Bauten als ★ *Unesco-Welterbestätten* anerkannt. Zu ihnen zählen die Ruine São Paulo, der Protestantische Friedhof, das Guia-Fort, der A-Ma-Tempel und die Gebäude im Zentrum rund um den Largo do Senado.

▪▪ SEHENSWERTES ▪▪

Das historische Zentrum rund um den Rathausplatz, den *Largo do Se-*

nado, bis hin zum Protestantischen Friedhof entdecken Sie am besten zu Fuß. Auch die Südspitze lohnt sich zu umwandern, am besten im An-

Schwimmbad und Restaurantbar. Größer ist der dunkelsandige Strand *Hac Sa* im Osten, ebenfalls mit Schwimmbad, nebenan liegt Macaus

Für Motorsportfans: ehrwürdiger Flitzer im Grand-Prix-Museum

schluss an den Besuch des Museu Marítimo. Ebenfalls in Fußwegentfernung voneinander liegen der Guia-Hügel und der Jardim de Lou Lim Ieoc.

Nehmen Sie von der Touristen-information im Fährhafen das überaus nützliche Faltblatt "Walking Tours" mit.

Insider Tipp

COLOANE ⭐ [0]
Die ländliche Insel bleibt auf Regierungsbeschluss kasinofrei. Zu ihr gehören Macaus einzige Badestrände. Am idyllischen *Cheoc-Van-Strand* im Süden liegt ein Park mit

einziger Golfplatz. Auf der Spitze der Insel erhebt sich eine Monumentalfigur der Tin Hau oder A-ma, der Schutzpatronin der Seefahrer samt zugehörigem, opulent dekoriertem Tempel.

Das *Dorf Coloane* zeigt noch ein traditionelles Gesicht. Von der Bushaltestelle sind es wenige Schritte zum Wasser, dabei kommen Sie an *Lord Stow's Bakery* vorbei, die *pastéis de natas,* köstliche Pastetchen, führt. Linksab geht es zur *Kirche S. Francisco Xavier.* Das Denkmal auf dem Vorplatz erinnert an einen Sieg der Dorfbewohner über Piraten, die

Inside Tipp

im Jahr 1910 ihre Kinder entführt hatten. Am Ende der Uferstraße steht ein kleiner *Tam-Kung-Tempel.* Nehmen Sie auf dem Rückweg das Gässchen vor der Kirche links, dann wieder die Uferstraße bis zu den eindrucksvollen *Dschunkenwerften* am nördlichen Ortsrand. *Busse 21, 21A, 25, 26, 26A*

COTAI [0]

Ein mit den zwölf chinesischen Jahrestieren dekorierter Boulevard führt geradewegs über das Neuland zwischen Coloane und Taipa, auf dem das Las Vegas des Ostens entsteht.

Bereits zu bestaunen: das bombastische ⭐ *The Venetian (www.venetianmacao.com),* das, 2007 eröffnet, gleich den ganzen Rest von Macau verblassen ließ – 2900 Hotelsuiten, 350 Läden, 100 000 m² Kongress- und Ausstellungsfläche, eine 15 000-Plätze-Arena, das weltgrößte Kasino mit 850 Spieltischen und vieles mehr, nicht zu vergessen den Campanile, die Rialtobrücke, den Dogenpalast und echte Gondelfahrten durchs klimatisierte Pseudovenedig! Dabei ist der neobarocke Kitsch im Innern

noch um einiges spektakulärer als das Äußere. Und das ist erst der Anfang auf Cotai!

FISHERMAN'S WHARF [U I2–3]

Hier gibt es keine Fischer, sondern ein chinesisches Fort im Tang-Stil, einen künstlichen Vulkan (der eine Achterbahn birgt am im Dunkeln Feuer speit), eine Amphitheater-Ruine und Häuser aus Amsterdam, New Orleans, Kapstadt, Lissabon – alles original 2005 und aus Beton, mit Restaurants, Läden und Spaßangeboten.

GRAND-PRIX-MUSEUM UND WEINMUSEUM [U H–I 2–3]

Originalfahrzeuge, Fotos, Videos und andere Dokumente zeichnen die Geschichte der seit 1954 ausgetragenen Auto- und Motorradrennen nach. Höhepunkt des Besuchs: ein „Ritt" im Fahrsimulator. Nebenan veranschaulichen Fotos und Geräte die Kunst der portugiesischen Winzer. *Mi–Mo 10–18 Uhr | Eintritt 20 Ptcs für beide Museen zusammen (inkl. Weinverkostung) | Tourism Activities Centre*

MARCO POLO HIGHLIGHTS

⭐ **Unesco-Welterbestätten**
Das historische Gesicht der Stadt (Seite 83)

⭐ **Coloane**
Ländliche Insel mit den einzigen Badestränden Macaus (Seite 84)

⭐ **The Venetian**
Klimatisierter Canal Grande: der Kasinopalast der Superlative (Seite 85)

⭐ **Macau Museum und Fortaleza do Monte**
In dem mächtigen alten Fort oberhalb von São Paulo entführt das liebenswert gestaltete Museum ins alte Macau (Seite 87)

⭐ **Museu Marítimo**
Das interessante Meeresmuseum erweitert den Horizont und bietet auch Rundfahrten an (Seite 88)

GUIA-HÜGEL    [U H2]

1638 entstand auf Macaus höchster Erhebung ein Fort. Seit 1865 wird es überragt vom Farol da Guia, einem Leuchtturm. Nebenan steht eine hüb

ner Südseite ist der *Leal Senado,* der „loyale Senat": das städtische Rathaus. Es entstand gegen Ende des 18. Jhs. Werfen Sie einen Blick in die ehrwürdigen, holzvertäfelten Räume

Jardim de Lou Lim Ieoc – Miniaturlandschaft und Macaus schönster Park

sche alte Kapelle. *Di–So 10–17 Uhr | Seilbahn ab Flora-Garten (unweit Jardim de Lou Lim Ieoc), oben nach rechts gehen*

HISTORISCHE BAUTEN
IM ZENTRUM   [U G3]

Macaus städtebauliche Mitte ist der als Fußgängerbereich gestaltete *Largo do Senado,* „Platz des Senats". Mit seiner geschlossenen und makellos restaurierten Bebauung strahlt er Würde aus, auch wenn die Geschäfte in den Arkaden nicht feiner sind als anderswo. Der prägende Bau an sei

im Obergeschoss: die öffentliche Senatsbibliothek und den Ratssaal. *Di bis So 9–21 Uhr*

Über die Gasse rechts am Leal Senado vorbei gelangen Sie bergan zum Ensemble schön restaurierter alter Bauten rund um die Kirche *Santo Agostinho.* Ihr gegenüber steht das klassizistische *Teatro Dom Pedro* aus dem Jahr 1872.

Zurück am Largo do Senado erreichen Sie an dessen Nordende *São Domingos,* Macaus schönste Barockkirche. Sie wurde im 17. Jh. von Dominikanern erbaut und 1996/97 glanzvoll restauriert. Das Prunkstück ist der große Altar. Das Bildnis der Fátima in der linken Seitenkapelle wird am 13. Mai zu einer Prozession hervorgeholt. Der Glockenturm birgt ein Kirchenmuseum *(tgl. 10–18 Uhr)*.

JARDIM DE LOU LIM IEOC [U H2]

Macaus schönster Park entstand im 19. Jh. als Privatgarten eines chinesischen Kaufmanns. Man spaziert durch eine Miniaturlandschaft mit künstlichen Gebirgen, Bambushainen und einem Goldfischteich mit Lotosblumen. In den Pavillons treffen sich oft Laienmusiker. In einem schön restaurierten Altbau am Rand des Gartens ist ein Museum der Teekultur untergebracht. *Garten tgl. 6 bis 21 Uhr, Museum Di–So 9–19 Uhr | Estrada Adolfo Correiro*

KUN IAM TONG [U H2]

Die „Guanyin-Halle", Macaus bedeutendster buddhistischer Tempel, stammt aus dem 17. Jh. Hier wurde 1844 der erste amerikanisch-chinesische Vertrag unterzeichnet. Die Göttin der Barmherzigkeit steht in der letzten Halle im Mitteltrakt der großen Anlage, deren einzelne, kleine Gebäude in typisch kantonesischem Stil von bunt verzierten Firsten gekrönt werden. Im Hof östlich der Haupthalle windet sich der Stamm eines Bonsai zu einem *shou,* dem Zeichen für „langes Leben"; die Halle dient der Ahnenverehrung. In zwei Seitenhallen wird jüngst Verstorbenen geopfert. Ganz im Osten der Anlage führt ein Durchgang erst nach vorn und dann zum rückwärtigen Tempelgarten. Dort wird der berühmte „Lover's Tree" neu zurechtgezogen, ein Baumkuriosum mit mehreren Stämmen; das imposante Original war 1994 eingegangen. *Avenida do Coronel Mesquita*

LIN FONG MIU [U H1]

Der schöne Tempel wurde 1592 gegründet. Hauptfigur in der ersten Halle des Mitteltrakts ist die „Himmelskaiserin" Tin Hau, in der zweiten Halle sehen Sie buddhistische Gestalten: in der Mitte die barmherzige Guanyin, links Weituo, den Beschützer der Lehre, und rechts den Herrn der Unterwelt, Kshitigarbha. In den Seitentrakten werden diverse Schutzpatrone verehrt. *Avenida do Almirante Lacerda*

MACAU MUSEUM UND FORTALEZA DO MONTE ★ [U G–H2]

Auf Rolltreppen gleitet man von der São-Paulo-Ruine zum Stadtmuseum hinauf, das in der „Bergfestung" untergebracht wurde, Macaus größtem Fort. 1617–26 wurde es von Jesuiten errichtet und bietet einen schö-

>LOW BUDGET

> *Kasinos besuchen:* Der Eintritt ist frei, und man kann überall zuschauen und Atmosphäre schnuppern. Besonders lohnen natürlich die großen, neuen und prächtigen, in denen auch am meisten los ist. Dran denken: Reisepass mitnehmen!

> *Übernachten:* Buchen Sie vorab in Hongkong über die Reisebüros im *Shun Tak Centre* [126–127 C–D1], sind unter der Woche vor allem bei den besseren Häusern erhebliche Rabatte drin.

nen Rundblick. 1622 gelang es von hier aus, einen Angriff der Holländer abzuwehren. *Plattform tgl. 7 Uhr bis Sonnenuntergang*

Museum: Anhand sorgfältig zusammengetragener und schön präsentierter Originale und Modelle, ergänzt durch audiovisuelle Medien und liebevoll gestaltete Dioramen, wird hier das Leben im alten Macau wieder lebendig – mit Häuserfronten, Läden und sogar den Rufen von Straßenhändlern. *Di–So 10–18 Uhr | Eintritt 15 Ptcs*

MACAU TOWER ❄ [U G4]

Der 2001 eröffnete, 338 m hohe Turm steht auf neu aufgeschüttetem Land und setzt mit einem Kongresszentrum sowie dem neuen Parlamentsbau einen wenig überzeugenden städtebaulichen Kontrapunkt zur Altstadt. Der Rundblick von oben ist natürlich bestens. Abenteurernaturen steigen zum Skywalk ins Freie – oder zum tiefsten Bungeejump der Welt: 233 m! *Tgl. 10–21 Uhr | Drehrestaurant bis 23 Uhr | Eintritt 80 Ptcs*

MA KOK MIU (A-MA-TEMPEL) [U G4]

Der älteste Tempel der Stadt. Auf die hier verehrte Schutzpatronin der Schiffer, A-Ma, geht der Name „Macau" zurück („A-Ma-Gao": A-Ma-Bucht). Die unregelmäßige, schattige Anlage besteht aus kleinen Gebäuden an einem steilen Hang über dem Meer. Der Haupttempel ist unten, weiter oben folgt ein Guanyin-Tempel. *Largo do Pagode da Barra*

MUSEU MARÍTIMO ★ [U G4]

Das hervorragende Meeresmuseum hat vier Abteilungen: Fischerei im Südchinesischen Meer, Seereisen und Entdeckungen, Meeresbiologie sowie Hafentechnik und Hydrografie. Die Exponate – Modelle, Dioramen, Aquarien, Seekarten, Werkzeuge – sind dreisprachig erläutert. Dem Museum gehören einige historische Schiffe. Fragen Sie nach eventuellen Rundfahrten. *Mi–Mo 10 bis 17.30 Uhr | Eintritt 10 Ptcs | Largo do Pagode da Barra*

PFANDHAUSMUSEUM [U G3]

Eindrucksvoll ist das festungsartige Magazin für die Pfänder, interessant, wie der Chef seine Mitarbeiter im Blick behielt. Das Haus ist Teil des Culture Clubs mit gutem Souvenirladen und einer Teestube. *Tgl. außer am 1. Mo im Monat 10.30–19 Uhr | Eintritt 5 Ptcs | Avenida Almeida Ribero 396*

PORTA DO ENTENDIMENTO [U G4]

Das 40 m hohe „Tor der Verständigung" ragt vor der Südspitze der Halbinsel auf. Es sieht aus allen Himmelsrichtungen unterschiedlich aus. Das Bauwerk soll die „über viereinhalb Jahrhunderte währenden, herzlichen Beziehungen zwischen Portugal und China" verkörpern.

PORTAS DO CERCO [U H1]

Das 1890 erbaute Grenztor zu China ist heute nur noch ein Denkmal. Den Gang vor dem Tor zieren Kachelbilder zu Macaus Geschichte. *Ganz im Norden*

PROTESTANTISCHER FRIEDHOF UND JARDIM LUÍS DE CAMÕES [U G2]

Der schattige Park Jardim Luís de Camões erinnert an den großen Dichter, der ab 1558 mehrere Jahre in Macau lebte und in seinem „Os Lusíadas" die portugiesischen Eroberungen besang. Der schlichte Totenacker nordöstlich des Parkeingangs ist ein steinernes Geschichtsbuch: Seuchen und Piraten rafften die meisten Kauf- und Seeleute schon in jungen Jahren dahin. *Praça Luís de Camões*

wordene Heidenmission: Oben, unter dem Kreuz, schwebt die Taube als Symbol des Heiligen Geistes, darunter steht Jesus, darunter Maria, die

Nichts für schwache Nerven: Skywalk auf dem Macau Tower

SÃO PAULO [U G–H2]

Die imposante Fassade der 1835 abgebrannten Kathedrale ist Macaus Wahrzeichen und ein kulturhistorisches Denkmal ersten Ranges. Japanische und kantonesische Christen schufen sie in den Jahren 1620 bis 1627 nach dem Entwurf eines italienischen Jesuiten. Man sieht steingewordene Heidenmission: Oben, unter dem Kreuz, schwebt die Taube als Symbol des Heiligen Geistes, darunter steht Jesus, darunter Maria, die weiter rechts betend einen Drachen besiegt; rechts daneben folgt ein Memento mori auf Chinesisch: „Bedenkst du den Tod, wirst du nicht sündigen". Dem entspricht links neben dem Handelsschiff: „Der Teufel verführt die Menschen zur Sünde."

Am Ende des verschwundenen Kirchenschiffs zeigt ein unterirdisches Museum christliche Kunst. Dort sind auch Knochen japanischer und vietnamesischer Christen ausgestellt, die im 17. Jh. vor der Verfolgung in ihrer Heimat nach Macau flohen (tgl. 9–18 Uhr). *Rua de São Paulo*

TAIPA [0]

Die Insel liegt am Ende der 2,6 km langen, 1974 eingeweihten schmalen ältesten Brücke und zweier breiter, neuer Brücken. Hier wurden Industrie- und Freizeitanlagen angesiedelt, so auch die Pferderennbahn und das 1997 fertiggestellte Sportstadion; in der Mitte der Nordküste liegt die Universität. Ganz im Osten wurde der Flughafen ins Meer hinausgebaut.

Während es im alten Taipa-Dorf mit seinen kleinen Tempeln und gemütlichen Restaurants in der Rua da Cunha noch recht geruhsam zugeht, ragen daneben neueste Hochhaussiedlungen in den Himmel. Östlich des Dorfs erhebt sich auf einer Anhöhe eine 1885 erbaute Kirche. Jenseits davon, an der früheren Uferstraße Avenida da Praia – mit Blick auf Cotai und den Kasino-Kongress-Hotel-Megakomplex *The Venetian* –, steht das *Taipa Museum:* eine Zeile aus fünf fein restaurierten Villen, die zeigen, wie hier um 1900 die „besseren Leute" wohnten. *Busse 11, 22, 28A, 33*

■ ESSEN & TRINKEN ■

Macaus Restaurants sind außerhalb von Cotai viel familiärer und „europäischer" als die pompöse Hongkonger Konkurrenz – und billiger, vor allem beim Wein.

Eine Besonderheit sind die macanesischen Speisen, in denen sich Portugiesisches mit Kantonesischem verbindet. Spezialitäten sind afrikanisches Hühnchen, Macau-Seezunge *(sole)*, Kabeljau *(codfish)*, Garnelen und Taube.

CLUBE MILITAR [U H3]

Keine Schwellenangst: In dem schönen Altbau knallen bloß die Sektkorken. Serviert wird Ihnen portugiesische Küche in künstlerischem Ambiente. *Avenida da Praia Grande 795 (nahe Hotel Lisboa)* | *Tel. 28 71 40 00* | €€

Glitzernde Welt: Bei den Wettspieleinnahmen hat Macau die Nase vorn

ESPAÇO LISBOA [O]
Feine portugiesische Küche mitten im Dorf Coloane, dazu eine reiche Auswahl an lusitanischem Wein. *Rua das Gaivotas 8 | Coloane | Tel. 28 88 22 26 | €€*

FERNANDO'S [O]
Das In-Restaurant liegt hinter einer Bougainvilleenlaube am Hac-Sa-Strand. Serviert werden üppige Meeresfrüchtegerichte, derentwegen man am Wochenende sogar aus Hongkong anreist. Terrassenbar. Keine Tischreservierung! *Coloane | €*

LITORAL [U G4]
Führend in macanesischer Küche und einer der besten Orte für afrikanisches Hühnchen. *Rua do Almirante Sergio 261A (nahe dem Museu Marítimo) | Tel. 28 96 78 78 | €€*

■ ÜBERNACHTEN ■
Die Internetauftritte von Hotels in Macau erreichen Sie über *www.macautourism.gov.mo/en/info/accommodation.php.*

EAST ASIA [U G2–3]
Altstadthotel mit 98 Zimmern. *Rua da Madeira 1 | Tel. 28 92 24 33 | Fax 28 92 24 30 | €*

MANDARIN ORIENTAL [U I3]
Erstes Haus am Platze, mit allerbestem Service und mehr Stil, als das nüchterne Äußere ahnen lässt. 407 Zimmer. *Avenida da Amizade | Tel. 28 56 78 88 | Fax 28 59 45 89 | €€€*

POUSADA DE SÃO TIAGO [U G4]
Das romantische Luxushotel ist ein raffiniert ausgebautes Fort in bester Lage am Südkap der Halbinsel. Trinken Sie hier wenigstens einen Kaffee. 23 Zimmer. *Avenida da República | Tel. 28 37 81 11 | Fax 28 55 21 70 | €€*

THE WESTIN RESORT [O]
Für den Südseeurlaub gewissermaßen: 208 Zimmer mit Meer- oder Strandblick und Terrasse, direkter Zugang zum Golfplatz, subtropischer Garten. *Am Hac-Sa-Strand | Tel. 28 87 11 11 | Fax 28 87 11 22 | €€*

■ UNTERHALTUNG ■
CENTRO CULTURAL [U I3]
In dem auffälligen Bau mit dem aufwärts gebogenen Dach gastieren Theater- und Musikensembles aus Übersee und aus China. Auch Kunstmuseum mit Gemäldesammlung. *Karten über Tel. 55 55 55*

KASINOS ▶▶
Macaus führende „Industrie" ist das Glücksspiel. Die Kundschaft kommt vorwiegend aus Hongkong und der angrenzenden Provinz Guangdong. Die Zahl der Kasinos liegt inzwischen bei 26 und steigt weiter. Die meisten sind Teil eines Hotels. Eine Sehenswürdigkeit für sich sind das *Venetian* und das *Pharaoh's Palace (Avenida da Amizade 555)* [U H3]. *Alle tgl. 24 Std. geöffnet | Eintritt frei*

KNEIPENZEILE „DOCKS" ▶▶ [U H1]
Das Nachtleben hat sich so ziemlich die zweithässlichste Ecke ausgesucht, die zu finden war, aber da ist durchaus was los mit Livemusik, Tanz und Cocktails. *Avenida Dr. Sun Yat-sen im Bereich Avenida Sir Anders Ljungstedt*

COMICSTARS UND AFFENBANDE

Der Hochhausdschungel bietet Kindern mehr, als man zunächst meinen mag – und manches ist sogar gratis

> Hongkong zählt wohl kaum zur ersten Riege der Reiseziele, die man mit Kindern aufsuchen möchte – aber siehe da: Es ist für den Nachwuchs spannender, als man vermuten würde! Das geht schon los mit den Parks: So schön wie lehrreich sind das Aviarium im Hong Kong Park, der Vogelteich im Kowloon Park und der Zoo. Dort ist überall der Eintritt frei. Am Nordende des Kowloon Park gibt's obendrein ein großes Freibad. Das Science Museum ist vor allem bei Regenwetter erste Wahl (wie das zahlreiche Hongkonger Jugendpublikum beweist), doch auch das benachbarte Museum of History ist dank seiner ausgefeilten Ausstellungstechnik für Kinder im Schulalter interessant *(Eintritt für Schüler und Studenten: Science Museum 12,50 $ | Museum of History 5 $ | Ausweis erforderlich)*.

KID'S WORLD IM OCEAN PARK [0]

Zum Ocean Park mit seinen vielfältigen Attraktionen gehört auch eine spezielle Abteilung, die gleich beim Eingang liegt: *Kid's World* mit Clowns, Kinderkarussells und den Pandabären An An und Jia Jia. Delphine und Seelöwen können Kinder hier aus nächster Nähe kennenlernen. *Ocean Park tgl. 10–18 Uhr, Einlass bis 16.30 Uhr | Eintritt 208 $, Kinder (3–11 Jahre) 103 $ |* www.ocean park.com.hk *| Bus 629 ab MTR Admiralty, Ausgang B*

SNOOPY'S WORLD [133 D3]

Charlie Brown ist hier, Schroeder, Linus mit der Schmusedecke, Lucy, Piepmatz Woodstock und natürlich Charlies philosophischer Beagle, dazu alle weiteren Figuren der Comicserie, insgesamt über 60 – zwei- und dreidimensional, versteht sich, und zum Anfassen. *Eintritt frei | Sha Tin | New Town Plaza, Phase One, Level 3 | Bahnhof Sha Tin, Ausgang A*

AFFENKOLONIE [133 D3]

Rhesusmakaken, wie sie am Shek Lei Pui Reservoir leben, waren in Hongkong mal heimisch – und wurden bis Mitte des 20. Jhs. ausgerottet. Womöglich

> MIT KINDERN UNTERWEGS

stammt die ganze Herde, die sich da zwischen Bushaltestelle und Stausee tummelt, von freigelassenen oder entsprungenen Exemplaren ab. Gleich hinter dem Schild „No swimming" hat die drollige Bande ihre Badeanstalt eingerichtet. Nehmen Sie das Fütterungsverbot ernst: Die Tiere können aggressiv werden. Der kleine Ausflug, ein Bustrip mit kurzem Spaziergang, dauert rund zwei Stunden. *Bus 81 ab MTR Yau Ma Tei, Ausgang A1* [124 C2] *bis Shek Lei Pui Reservoir*

DISNEYLAND   [132 C4]
Hongkong ist mächtig stolz auf das erste asiatische Disneyland außerhalb Japans. Der Park gliedert sich in vier Bereiche des Staunens und Erlebens, die leicht einen ganzen Tag ausfüllen: *Main Street USA* nimmt die Besucher zurück in die Zeit um 1900, *Pirateland* entführt in die maritim-martialischen Abenteuer einer noch früheren Ära, als man noch mit dem Schwert kämpfte (was man hier auch lernen kann), im

Fantasyland begleitet Micky Maus durch zeitlos Märchenhaftes samt disneyüblichem Dornröschenschloss, und in *Tomorrowland* begegnen Kindern und Erwachsenen die Wunder einer so friedvollen wie aufregenden Zukunft – vom Auto bis zum Ufo. *Sommer Mo–Fr 10 bis 20, Sa, So 10–21 Uhr, sonst tgl. 10–19 Uhr | Eintritt 295 $, Kinder (3–11 Jahre) 210 $, Senioren (ab 65 Jahre) 170 $, an Spitzentagen (Wochenende, Feiertage, Ferienzeiten) 350/250/200 $ | begrenzte Kartenkontingente, Vorausbuchung Tel. 183 08 30 oder online* www.hong kongdisneyland.com *| MTR Disneyland Resort*

EISLAUFEN   [U D3]
Ja, dies ist kein Scherz! Zu Hongkongs größtem Einkaufszentrum, dem Cityplaza, gehört nämlich eine Eisbahn. Schlittschuhe kann man dort leihen. *Do–Di 9.30–22, Mi 9.30–20.45 Uhr | Eintritt ab 45 $ (werktags vormittags) |* www.icepalace.com.hk *| MTR Tai Koo, Ausgang E1*

> CHINESISCH-BRITISCHES KALEIDOSKOP

Kleine Expeditionen durchs exotische und historische Hongkong

Die Spaziergänge sind auf dem hinteren Umschlag und im Cityatlas grün markiert

1 WUNDER DES ALLTAGS

Buntes Leben außerhalb der klimatisierten Konsumwelt: Hausaltäre und Hackklötze, Mahjongg-Salons, Obst- und Gemüsemärkte, Jadehändler und vieles mehr. Kommen Sie am späteren Vormittag, wenn die Läden geöffnet sind; planen Sie eineinhalb Stunden ein – plus Mittagessen.

Los geht's beim beliebten Tin-Hau-Tempel *(S. 40)* von *Yau Ma Tei.* Auf

dem Vorplatz spielt man im Schatten von Banyanbäumen Karten oder Schach, Müßiggänger schauen zu oder lesen Zeitung. Auf beiden Seiten der nordwärts führenden Shanghai Street bilden Devotionalienläden, die Heiligenfiguren und Hausaltäre verkaufen, mit Haushalts- und Stahlwarengeschäften eine einzigartige Mischung. Auf 200 m Strecke sehen Sie Sortimente mit chinesischen Fonduesets, Scheren, Gaslaternen, Waagen,

Insider Tipp

Bild: Star Ferry

STADT SPAZIERGÄNGE

Tischkarussels, Tontöpfen, Hackklötzen, Holzhockern, Weihrauch und Opfergeld, geomantischen Kompassen, Miniaturstupas, in die man Buddhafigürchen stellt, und vielerlei Dinge mehr. In zwei Fleischerläden hängen Enten im Fenster.

Gehen Sie nun einen Block nach Westen zu den alten Hallen des Obstgroßmarkts. Am Vormittag wird dort bloß noch aufgeräumt, das Hauptgeschäft findet in aller Frühe statt, doch der Duft – und ein paar Händler – bleiben noch eine ganze Weile.

Nun geht's wieder südwärts. In der nächsten Querstraße links finden Sie das Büro eines Wohnungsmaklers. Die Kaufpreise sind in Zehntausenden pro Quadratfuß (ca. ein Zehntel Quadratmeter) angegeben, Monatsmieten vier- bis fünfstellig in vollen Beträgen. In der Reclamation Street folgen weitere Blechwarenläden mit Haushalts- und Großküchenartikeln, teils noch mit eigener Produktion. Am Nordende der Canton Road steht alte Bausubstanz: die dreigeschossige Yau Ma Tei Police Station mit Kolonnaden im Erdgeschoss. Folgen Sie der Straße nach links und biegen Sie, schon unterhalb der Hochstraße, nach links in den Jademarkt (S. 67) ein. Beachten Sie hier gleich rechts die Verschläge, in denen Berufsschreiber beim Ausfüllen der Steuererklärung oder beim Beantragen einer Taxilizenz helfen. Manche liefern auch chinesisch-englische Übersetzungen.

Entlang der Canton Road nach Süden reihen sich Mineralienhandlungen. Hier können Sie schöne Bergkristallkugeln, Fossilien und Perlen erstehen. Nächste Station (linksab durch die Pak Hoi Street) ist der Obst- und Gemüsemarkt Reclamation Street, den ganze Duftsymphonien durchwehen – und fischige Missklänge. Auch säuberlich in Quader geschnittener Tofu (Bohnenquark) ist zu sehen.

Kehren Sie nach einem Rundgang zur Pak Hoi Street zurück und gehen Sie eine Straße weiter nach Osten bis zur Shanghai Street. Beachten Sie dort die Hausnummer 189 mit Jade- und Holzschnitzereien, den Weihrauchladen in Nr. 185 und die Garküche in Nr. 183. Überqueren Sie die Straße. Die Nr. 178 an der Ecke Saigon Street ist eine typische Pfandleihe (mit unüberschaubar hohem Tresen und vergitterten Fenstern), und Nr. 164 serviert das ganze Jahr über Schlangensuppe.

Gehen Sie wieder zurück und nach rechts in die Saigon Street. In der Kräuterapotheke an der nächsten Ecke bilden zwei große Zinnkessel den Blickfang; darüber hängt ein Foto des Firmengründers. Schalen mit aufgegossenen medizinischen Tees stehen bereit.

Überqueren Sie die Temple Street (S. 65, 73) – tagsüber ist von dem Markttrubel, der hier abends ausbricht, nichts zu spüren. Gleich dahinter links werden Mahjongg-Spiele verkauft. Ein Mahjongg-Spielsalon, *Insider Tipp* groß und prächtig, die Fassade mit gelbem Marmor verkleidet, folgt kurz darauf in der Woosung Street (Hausnr. 70–72). Stecken Sie ruhig den Kopf durch die Tür, um einen Blick hineinzuwerfen. Gegenüber: ein typisches Fischrestaurant mit Bassins an der Straße. Nr. 83 ist ein Vogelnester- und Ginsengladen, der auch getrocknete Schlangen und riesige Baumpilze führt.

Kehren Sie zum Abschluss in die Garküche in Hausnummer 97 ein, die für Spottpreise köstliche Reissuppen und andere Gerichte serviert.

2 SPUREN DER GESCHICHTE

Der eineinhalbstündige Gang führt zu den wichtigsten Zeugen der frühen Kolonialzeit, die im Zentrum verblieben sind.

Beginnen Sie bei – oder mit – der Star Ferry. Gehen Sie geradeaus durch den Fußgängertunnel und an seinem Ende gleich links: Das hässliche Hochhaus vor Ihnen ist Sitz des ehrwürdigen Hong Kong Club. Der Zenotaph davor, 1919 errichtet, dient dem Gedenken an die Gefallenen zweier Weltkriege. Überqueren Sie nun die Chater Road. Sie war bis in die 1950er-Jahre Uferstraße und ist selbst erst

STADTSPAZIERGÄNGE

um 1900 im Zuge einer Neuland-aufschüttung entstanden. Der **Statue Square** *(S. 24),* auf dem Sie stehen, hat seinen Namen nach dem **Standbild von Sir Thomas Jackson** (1841–1915), einem Leiter der Hongkong and Shanghai Bank. Deren Hauptquartier

Die Garden Road hinaufgehend kommen Sie zur **St. John's Cathedral** *(S. 31).* Verlassen Sie die Kirche durch das Hauptportal, so fällt der Blick nach rechts auf das **French Mission Building** *(S. 28),* heute Sitz des obersten Gerichtshofs.

St. John's Cathedral, die anglikanische Hauptkirche Hongkongs

und die zwei anderen Hongkonger Notenbanken schauen hier auf Sie herab: rechts die Standard Chartered Bank, in der Mitte die Hongkong Bank und links, hinter ihrem Altbau wie eine riesige geometrische Skulptur aufragend, die Bank of China. Der alte Kuppelbau an der (linken) Ostseite des Platzes ist das **Legco Building** *(S. 29).* Dahinter liegt der 1978 eröffnete **Chater Garden**. Bis dahin bestand dort, auf teuerstem Baugrund, der Rasenplatz des Cricket Club.

Im Schatten alter Bäume geht es nun nach links den Battery Path hinab zur **Duddell Street**. Die schöne, breite **Treppe** an deren Südende wurde um 1880 angelegt und ist mit vier alten Gaslaternen geschmückt. Die Stufen münden in die **Ice House Street**, so genannt nach dem Eis aus den USA, das hier einst für den Sommer eingelagert wurde. Nutzen davon hatte auch die Molkerei im Haus **Lower Albert Road 2**, heute Domizil des Auslandskorrespondentenclubs. Im gleichen Stil entstand 1913 das Nachbarhaus (Sitz des Fringe-Kulturclubs).

Eindrucksvoller als die Front ist die Rückseite an der Wyndham Street. Im eben verlaufenden Teil der Wyndham Street beginnt die Gegend der Antiquitätenhändler. Bald erscheint links Hongkongs größter Komplex von Bauten im Kolonialstil: die Zentrale Wache *(Central Police Station, S. 26)* mit anschließendem Gefängnis. Die von rechts heraufkommende Pottinger Street besitzt noch ihr altes Pflaster.

An der Arbuthnot Road, die an der Seite der Wache bergan führt, erhebt sich das imposante Portal des Magistratsgebäudes von 1914. Nächstes Ziel ist das seit 1997 verwaiste Government House. Die frühere Gouverneursresidenz geht auf das Jahr 1855 zurück und wurde später mehrfach erweitert. So ist etwa der Turm ein Werk der japanischen Besatzer im Zweiten Weltkrieg. Nachdem Chris Patten, der letzte Hongkonger Gouverneur, hier am 30. Juni 1997 auszog, wird das Gebäude nur für gelegentliche Empfänge genutzt.

Wo man treppab wieder auf die Garden Road stößt, steht gegenüber das weiße Helena May, ein Frauenwohnheim aus dem Jahr 1916. Vom Untergeschoss des bergab nächsten Hochhauses verkehrt die Peak Tram. Unter der Hochstraße hindurch kommen Sie nun zum Hong Kong Park *(S. 28);* folgen Sie der Straße nach links, dann den Schildern zum 1844–46 als Residenz des Garnisonshauptmanns errichteten Flagstaff House, dem ältesten erhaltenen Kolonialbau der Stadt.

Lebensmittelstand im modernen Sheung Wan Market

STADTSPAZIERGÄNGE

3 GINSENG, KUNST UND HAIFISCHFLOSSEN

Dieser Rundgang (mindestens zwei Stunden) verbindet Ginseng- und Dörrfischgrossisten mit dem Kunsthandel an Cat Street und Hollywood Road sowie einigen Tempeln. Achtung: Am Morgen sowie sonn- und feiertags sind die Läden zu.

Wenden Sie sich vom Ausgang A1 der MTR-Station Sheung Wan zweimal rechts in die Man Wa Lane. Dort reihen sich die winzig kleinen Stände von Siegelstempelschnitzern und Visitenkartendruckern. Gehen Sie durch bis zur Straße Bonham Strand. Jenseits der nächsten, noch altertümlich wirkenden Kreuzung folgt bald der erste von vielen Dörrpilz-, Ginseng- und Schwalbennester-Grossisten. Die Nester liegen in durchsichtigen runden Plastikschachteln. Nr. 105–107 ist ein typisches Teegeschäft, das auch „Ziegeltee" verkauft: zu Blöcken oder Scheiben gepresste Teeblätter. Nr. 94, ein alter Haushaltswarenladen, führt ein teils noch traditionelles Sortiment. Rechts geht's zum Western Market von 1906, Domizil der Stoffhändler und ein Dorado für Sammler. Zwei Straßen südlich, im modernen Sheung Wan Market, gibt's Lebensmittel auf zwei Etagen, darüber folgt ein Garküchenmarkt.

Ein paar Schritte die Treppenstraße gegenüber hinauf, und los geht's mit den Antiquitäten. In der Cat Street (S. 64) und auf dem Weg dorthin erstaunen auch die Alteisenhändler und Blechschmiede. Klimatisiertes Shopping bieten die Cat Street Galleries mit etlichen Antiquitätenhändlern (links). Eine Teepause gefällig? Am Ostende der Cat Street geht's treppab zum *Lock Cha Tea Shop (S. 67)*. Den nächsten Höhepunkt bildet der Man-Mo-Tempel *(S. 29)*. Die Hollywood Road *(S. 64)* Richtung Westen ist wie eine einzige, riesige Kunstgalerie. Durch die Upper Station Street geht man dann aufwärts zum Tempel Kwun Yum Tong („Guanyin-Halle") mit vergoldeter Hängeschnitzerei vor dem Eingang. Treppab folgt gleich rechts eine weitere Guanyin-Halle, diese mit 60 vergoldeten Jahresgöttern (linke Wand) und einem Glückspropeller. Am Ende der Treppe nach rechts, gehen Sie auf das Hollywood Centre zu; die vielen leeren Läden bezeugen den Niedergang des Antiquitätenhandels. Die Possession Street links daneben erinnert daran, dass die Briten hier am 26. Januar 1841 zum ersten Mal auf der Insel den Union Jack hissten.

Nun lädt der Hollywood Park zur Rast. Gegenüber dem Eingang arbeiten zwei Sargtischler. In der Queen's Road West kommen auf der rechten Straßenseite dann wieder Dörrwaren-, Kräuter- und Ginsengläden, dazwischen ein Brautausstatter mit Bettenverkauf. Gegenüber wird für das Jenseits gesorgt: Vom Sportschuh bis zum Mobiltelefon gibt es aus Papier gefertigt alles für die Ahnen. Das Haus Nr. 189 ist eine typische Pfandleihe. Nun runter zur Des Voeux Road West, dann rechts: Hier vollführen auf 100 m Länge Dörrfischgrossisten (mit Stockfisch, Garnelen, Muscheln, Seepferdchen, Fischlippen) eine wüste Attacke aufs Riechorgan. Etliche Läden (z. B. Nr. 104) führen auch Haifischflossen. Getrocknet kosten sie bis über 500 Euro pro Kilogramm. Durch Bonham Strand West geht es zurück zur U-Bahn.

EIN TAG IN HONGKONG

Action pur und einmalige Erlebnisse.
Gehen Sie auf Tour mit unserem Szene-Scout

ENERGIE-BOOSTER

6:30

Der Kick für die Qi-Energie: Wer mit den Einheimischen am morgendlichen Tai-Chi teilnehmen will, muss früh aufstehen. Oder doch lieber den Tag ruhig angehen und nur zusehen? Als Fotomotiv sind die eleganten Bewegungen unschlagbar. **WO?** *Bowen Rd Pathway oder Kowloon Public Pier*

FRÜHSTÜCKEN MIT ATMOSPHÄRE

8:00

Zum Brunch geht es in das gemütliche *Café Gypsy*. Hier unbedingt die Crêpes probieren und dabei durch die großen Fenster die Passanten beobachten, die draußen vorbeihetzen. So ist man bereit für das, was der Tag bringen wird. **WO?** *29 Shelley St, Midlevels SoHo*

GRÜNE LUNGE

9:30

Hongkongs grüne Seite: Per pedes von Pak Tam Au über den *MacLehose Trail* durch die unberührte Landschaft der New Territories wandern. Auch wenn's nur ein kleines Teilstück ist – unter Sportlern ist der *MacLehose* Legende! **WO?** *Startpunkt Pak Tam Au bis Chek Keng*

KOCHKURS

12:30

Ran an den Herd und phantastische, bodenständige asiatische Gerichte in der *Martha Sherpa's Cooking School* kennenlernen. **WO?** *Flat B, 1/F, Lee Kwan Building, 40–46 Argyle St, Mong Kok, Kowloon | Anmeldung unter Tel. 852 23 81 01 32 | www.cookery.com.hk*

TOLLE AUSBLICKE

14:00

Die restaurierte Duk-Ling-Dschunke wartet. Gratis kreuzt man durch den Hafen zwischen Kowloon und Hong Kong Island. Nicht nur die Fahrt ist ein Erlebnis, sondern auch die Aussicht auf die Skyline! **WO?** *Kowloon Public Pier, Tsim Sha Tsui*

24 h

WÜNSCH DIR WAS **16:30**

Der *Banyanbaum* am Tin-Hau-Tempel von Lam Tsuen bringt Glück – vorausgesetzt, man zeigt sich ein bisschen geschickt: Die persönlichen Wünsche werden auf rotem Papier notiert, mit einer Orange beschwert und in den Baum geworfen. Bleibt die Rolle in den Zweigen hängen, geht der Wunsch in Erfüllung. Viel Glück! **WO?** *Tin-Hau-Tempel, Lam Tsuen, Tai Po*

18:00 ### EINTAUCHEN

Jetzt heißt es fit werden für den Abend und noch mal Power tanken: Wenn die Sonne das Meer orange färbt, dann werden die Romantiker auf den Plan gerufen. Eine abendliche Schwimmrunde am Strand von Shek O, dem klassischen Szene-Hangout, füllt die Energiereserven wieder auf, und im Licht des Sonnenuntergangs scheint die Großstadt weit, weit weg! **WO?** *Shek O Beach, Hong Kong Island | per Bus ab North Point*

EINMAL ALLES, BITTE! **20:00**

Auf zu kulinarischen Höhepunkten! Wer glaubt, dass man Hongkongs gesamte Küche nicht in einer Nacht erleben kann, liegt falsch! Inspiriert von den *Hawker Shops* Südostasiens, präsentiert das *HUSK* viele kleine Stände. Ideal, um endlos zu probieren! **WO?** *HUSK, Shoppingcenter Elements, Union Square, Shop 2002, Second Level, 1 Austin Rd West, Kowloon | www.husk.hk.*

1:00 ### DANCE INTO THE NIGHT

Die Nacht ist jung. Zu westlich-chinesischer Crossover-Musik wird im gigantischen *Ocean Palace* mal gerockt und mal geschwoft. Hier ist für alle etwas dabei, und dass die Party bis in die Morgenstunden dauert, ist selbstverständlich. **WO?** *4/F, Ocean Centre, Canton Rd, Harbour City, Kowloon*

> HONGKONGS GRÜNE SEITEN

Das Kontrastprogramm zur Stadt:
Bergpfade, Sandstrände, Pfahlhausdörfer

1 CHEUNG CHAU

[132 B–C5] ⭐ „Langeland" heißt die Insel mit der größten und lebendigsten der traditionellen Siedlungen in Hongkong. Fähren ab Central, Pier 5, ca. zweimal stündlich, Fahrzeit 60 (Schnellfähren 30) Minuten

Dicht gedrängte, zweigeschossige Häuser säumen die schmalen Gassen. Außer ein paar Mini-Lkws verkehren keine Autos. Im Hafen liegen noch etliche Wohndschunken; allerdings ist die Fischerei stark zurückgegangen. Am Kai reihen sich Fischlokale und Stände, die Ferienwohnungen vermitteln. Gehen Sie vom Anleger aus nach links, so erreichen Sie einen großen Platz mit dem religiösen Mittelpunkt der Gemeinde, dem **Pak-Tai-Tempel** von 1783, in dem der Nordkaiser als Schutzpatron des Orts verehrt wird. Ihm wird alljährlich im be-

Bild: Tempel der 10 000 Buddhas bei Sha Tin

AUSFLÜGE & TOUREN

rühmten Bun-Fest gedankt. Beachten Sie die Walknochen links neben seinem Schrein. Dann geht's durch die südwärts – parallel zum Kai – führende schmale **Pak She Street** mit vielen kleinen Läden. Biegen Sie am einstigen Marktplatz nach links ab *(Tung Wan Road),* so gelangen Sie an einem als heilig verehrten Baum vorbei zum **Ortsstrand**. An dessen Südende, am Felsvorsprung unterhalb des Warwick Hotels, ist eine **prähisto-**

rische Ritzzeichnung erhalten. Sie ist das am leichtesten zugängliche Beispiel solcher Felsbilder auf Hongkonger Territorium, die größtenteils erst in den letzten Jahrzehnten in Ufernähe entdeckt wurden. Weder ihr Alter noch ihre Urheber (wohl nicht chinesische) sind bekannt. Ihr Stil zeigt zu geometrischen Mustern stilisierte Tierformen. Gehen Sie von oberhalb des Hotels die **Peak Road** entlang bis zum **Care Village** im Südwesten; von da geht's per Sampanfähre zurück zum Hauptort. Will man auch baden, ist ein halber Tag für Cheung Chau zu wenig, ein ganzer nie zu lang.

das beste ist das *Rainbow* | €€). In **Yung Shue Wan**, der geruhsamen zweiten Ortschaft, können Sie Zimmer mieten. Auch hier kann man auf

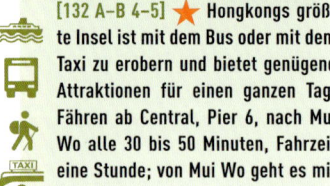

Lantau: auf einem Sampan durch das Fischerdorf Tai O

2 LAMMA ISLAND

[132–133 C–D5] Badeurlaub, Hügel und Fischlokale: Hongkongs drittgrößte Insel. Fähren ab Central, Pier 4, alle halbe bis zwei Stunden, Fahrzeit 30–50 Minuten

Lamma Island ist ebenso wie alle kleineren Inseln autofrei. Ausflügler kommen, um zu baden (zwei hübsche Strände: **Hung Shing Ye** im Norden und *Lo So Shing* in der Mitte) und um zu essen.

An der Hafenfront des Ortes **Sok Kwu Wan** reihen sich Fischlokale,

Insider Tipp

Terrassen am Wasser speisen. Vom einen Ort zum anderen geht man gut eine Stunde über grasbewachsene Hügel.

3 LANTAU & PO-LIN-KLOSTER

[132 A–B 4–5] ★ Hongkongs größte Insel ist mit dem Bus oder mit dem Taxi zu erobern und bietet genügend Attraktionen für einen ganzen Tag. Fähren ab Central, Pier 6, nach Mui Wo alle 30 bis 50 Minuten, Fahrzeit eine Stunde; von Mui Wo geht es mit dem Bus Linie 2 nach Ngong Ping

AUSFLÜGE & TOUREN

(Kloster), mit Linie 1 nach Tai O und mit Linie 3 nach Tung Chung; auch MTR Tung Chung

Für Lantau brach mit dem Flughafenbau, der Straße und Schiene brachte, eine neue Ära an. Schon ist eine Satellitenstadt entstanden, 2005 kam Disneyland *(S. 93)* hinzu. Teile der Insel sind jedoch nach wie vor fast menschenleer.

Po-Lin-Kloster [132 A4]: Hongkongs größter Sakralbau steht auf dem Ngong-Ping-Plateau in 460 m Höhe. Das buddhistische „Kloster des kostbaren Lotos" wurde 1927 geweiht, die von Pekinger Palastarchitektur inspirierte Haupthalle 1970. Weitere Hallen und Pavillons, Lotosteiche, ein großes vegetarisches Restaurant (sehr zu empfehlen) und Schlafräume (für fromme Gäste) vervollständigen die Anlage. Das Kloster ist als Ausflugsziel zu Wohlstand gekommen. Seit das tüchtige Management 1993 den damals größten Freiluft-Bronzebuddha der Welt errichten ließ (22 m hoch, mit Steinsockel 34 m), strömen die Besucher sogar aus Übersee hierher.

2006 haben die Besucherzahlen noch einmal kräftig zugelegt, denn Ngong Ping 360 ging in Betrieb. Dazu gehören eine 5,7 km lange Seilbahn, die die Reise von der MTR-Endstation Tung Chung zum Buddha nun zu einem 25-Minuten-Vergnügen macht, sowie an der Bergstation das Ngong Ping Village mit Läden, Restauration, der Multimediaschau „Walking with Buddha", die das Leben Gautama Buddhas veranschaulicht, und weiteren Attraktionen. Tipp: Hoch fahren, runter laufen oder den Bus nehmen.

Das exotische Fischerdörfchen Tai O [132 A4] am Westende der Insel besteht großenteils aus blechverkleideten Holzhäusern, die auf Pfählen über dem Wasser schweben. Im Schlick hüpfen die drolligen Schlammspringer umher; an manchen Stellen wachsen Mangroven.

Lantaus schönste Strände, Pui O und Cheung Sha, liegen in der Mitte der Südküste [132 B5]. Historisch bedeutsam sind mehrere Forts aus dem 17. Jh., die zum Schutz vor Piraten dienten; das größte ist am südlichen Ortsende von Tung Chung zu besichtigen [132 A–B4].

Bergwandern: Der 70 km lange Lantau Trail geht von Mui Wo [132 B4] aus über zwölf Etappen über die Berge zum Südwestkap und entlang der Küste wieder zurück. Spektakulär, aber steil ist Etappe 3, die über den kahlen Lantau Peak (934 m) zum Po-Lin-Kloster führt. Leichtere Routen: vom Kloster nach Süden durch den Wald zur Straße oder nach Nordosten bis Tung Chung (Fort, U-Bahn).

4 LEI YUE MUN

[U E3] Ein Dorfbummel, wobei das Dorf rasch zu erreichen ist: MTR Kwun-Tong-Linie oder Tseung-Kwan-O-Linie bis Yau Tong, Ausgang A2, dann 600 m zu Fuß; das Dorf beginnt am Dschunkenhafen.

Das Fischerdörfchen Lei Yue Mun *Insider Tipp* besteht praktisch nur aus einem einzigen langen Gässchen. Es ist gesäumt von Fischrestaurants und Fischhandlungen mit dem reichsten Angebot an Meeresfrüchten, das man in Hongkong finden kann. Viele Häuser

Tempel der 10 000 Buddhas:
Pagode auf dem Vorplatz

schweben auf Stelzen über dem Wasser. Folgt man einem Doppelknick rechts-links, gelangt man nach weiteren 500 m zu großen Felsblöcken und zum **Dorftempel** zu Ehren der Tin Hau.

5 NEW TERRITORIES

Auch wenn sie im Grunde alles umfassen, was nicht zu Kowloon und der Insel Hongkong gehört, meint man damit doch stets das Festland jen-

seits des Gebirgszuges, der Kowloon nach Norden und Osten begrenzt. Dort liegen riesige Satellitenstädte, aber auch weithin unwegsames Bergland mit Hongkongs höchstem Berg, dem Tai Mo Shan (957 m).

Eine gute Auswahl der verstreut liegenden Sehenswürdigkeiten präsentieren zwei exzellente Touren, die in den HKTB-Infobüros oder beim Veranstalter *Gray Lines (Tel. 23 68 71 11)* gebucht werden können (je rund 5 Stunden, 320 $): Die „Heritage Tour" führt zu einem alten **Sippendorf**, wie es früher für die New Territories typisch war, samt zugehörigem Ahnentempel, zur **Residenz eines kaiserlichen Beamten**, zum **Markttempel von Tai Po** und zu **als heilig verehrten Bäumen**. „Land Between" bietet einen bunten Querschnitt mit einem **Sippendorf**, dem **Reiherreservat Luk Keng** und **Fischfarmen**. Bei beiden Touren bekommt man obendrein viel Landschaft sowie zwei, drei Satellitenstädte zu Gesicht.

Amah Rock [133 D3]: Es war einmal ein Fischer, der war auf See geblieben. Sein treues Weib aber stieg Tag für Tag mit ihrem Kind im Tragetuch den Berg hinauf, um nach ihm Ausschau zu halten. Schließlich erbarmten sich die Götter und vereinten sie mit dem Ertrunkenen. Zurück blieb der „Amah-Fels" als Sinnbild ihrer Treue. Besonders gut ist er von der Bahnstrecke bei Tai Wai aus zu sehen.

Sha Tin [133 D3]: Die riesige Satellitenstadt bietet zwei bahnhofsnahe Ziele. Das repräsentative **Heritage Museum** zeigt neben wechselnden Ausstellungen eine toll gemachte Abteilung zu Geschichte und Kultur der New Territories. *Vom Bahnhof über* *den Busbahnhof nach rechts der Straße folgen, ca. 10 Minuten.* Der **Tempel der 10 000 Buddhas** steht seit 1957 in den Bergen. Der Weg durch den Wald wird gesäumt von teils vergoldeten, lebensgroßen Figuren der 500 Luohan (Urmönche). Die Innenwände der Haupthalle sind ringsum mit Regalbrettern überzogen, auf denen sich 12 800 vergoldete Buddhafigürchen reihen. Auf dem Vorplatz stehen viele weitere Figuren, meist bunt bemalt, sowie eine Pagode. *Bahn überqueren, rechts voraus der Straße nach, vorm Hochhauskomplex Grand Central Plaza entlanggehen, Schild nach links folgen*

Im amphibischen Nordwesten der New Territories bieten im *Mai Po Nature Reserve* [132 C1–2] Fisch- und Garnelenteiche, Wattflächen und Hongkongs letzter großer Mangrovengürtel reiche Nahrung und Unterschlupf für Silberreiher, Ibisse, Eisvögel und weitere rund 250 Vogelarten. Viele überwintern hier als Zugvögel. Der *World Wide Fund for Nature (WWF)* hat hier ein Informationszentrum und Beobachtungsstände eingerichtet. Dieses Ausflugsziel für Vogelkundler kann nur mit Führung besichtigt werden. *Nur Sa und So | 1 Tramway Path | Tel. 25 26 44 73 | www.wwf.org.hk/eng/maipo*

Bergwandern: Der nach einem Gouverneur benannte **MacLehose Trail** geht von Ost nach West über 100 km in 10 Etappen. Das schönste Stück (Etappen 1 und 2) führt an der **Sai-Kung-Halbinsel** [133 E–F 2–3] entlang. Der 75 km lange **Wilson Trail** durchquert die New Territories von Nord nach Süd.

6 SAI-KUNG-HALBINSEL & TAP MUN

[133 E–F 2–3] ★ **Die zerklüftete, fast menschenleere Sai-Kung-Halbinsel liegt ganz im Osten und ist das beste Ziel für eine nicht zu anstrengende Tageswanderung. Nehmen Sie um 8.30 Uhr die Fähre am Anleger Ma Liu Shui** [133 D2–3] **(ca. 700 m ab Bahnhof University).**

Über eine Stunde fährt man zunächst an den gebirgigen Ufern des Tolo Harbour entlang bis zur Insel **Tap Mun** [133 F2] mit altem Fischer- und Bauerndorf – eine andere Welt. Dort können Sie eine Stunde bleiben, bis die Fähre auf dem Rückweg wieder vorbeikommt, oder Sie fahren zwei Haltestellen weiter bis **Chek Keng** und nehmen den Pfad quer über den Bergsattel Richtung Südosten.

Der Lohn nach 3,5 km Fußweg ist die „Bucht der großen Wogen", *Tai Long Wan* [133 F3], mit Hongkongs zwei tollsten Stränden. Im nahen Dorf leben nur noch wenige Leute, doch es gibt ein paar einfache Gaststätten.

Zurück geht's wieder nach Chek Keng, dann aber nicht zum Anleger, sondern links ab und noch einmal 3,5 km bis **Wong Shek** an der nächsten Bucht, von wo halbstündlich ein Bus nach *Sai Kung* [133 E3] fährt. Sai Kung ist ein Ausgangspunkt für schöne Bootstouren durch das Insellabyrinth des **Port Shelter** und **Rocky Harbour**. Wochentags sind 45 Minuten Sampanfahrt rund um **Sharp Island** (Kiu Tsui Chau) schon für 120 $ zu haben. Am Hafen reihen sich Fischrestaurants. *Bus 92 ab/bis MTR Diamond Hill*

> VON ANREISE BIS ZOLL

Urlaub von Anfang bis Ende: die wichtigsten Adressen und Informationen für Ihre Reise nach Hongkong und Macau

■ANREISE■

FLUGZEUG

Alle Flüge landen auf dem Flughafen Chek Lap Kok. Vor dessen Terminalgebäude liegt das Transport Centre, von wo aus der Transport zur Stadt abgewickelt wird.

Flughafenbahn (Airport Express): Die Fahrt bis zur Endstation im Central District [127 E2] kostet 100 $, bis zur Haltestelle Kowloon 90 $. Die Fahrzeit beträgt 23 bzw. 19 Minuten. Von den Bahnhöfen verkehren Busse zu den größeren Hotels. Die Weiterfahrt per U-Bahn (Umsteigestationen Tsing Yi und Hong Kong) ist gratis.

Busse: Unter der Bezeichnung „Airbus" verkehren klimatisierte Omnibusse direkt zu mehreren Hotels. Linie A11 fährt für 40 $ bis Causeway Bay (Fahrzeit 70 Minuten), Linie A21 zum Bahnhof Kowloon (33 $, 65 Minuten). Der Fahrpreis ist abgezählt einzuwerfen.

Taxi: Grüne Wagen fahren nur in die New Territories, blaue nur auf Lantau. Rechnen Sie mit 350 $ bis Central und Causeway Bay, mit 280 $ bis Tsim Sha Tsui (inkl. Brücken- und Tunnelgebühren).

BAHN

Durchgehende Züge aus China enden im Bahnhof Kowloon [125 E4], wo die Pass- und Zollformalitäten erledigt werden. Von dort braucht ein

PRAKTISCHE HINWEISE

Taxi nur 5 Minuten zu den Kowlooner Hotels und 5 bis 15 Minuten auf die Insel. Für die Fahrt zur Insel sind die Tunnelbusse, die am Bahnhof halten, viel billiger, doch oft überfüllt.

SCHIFF

Kreuzfahrtschiffe legen am Ocean Terminal [124 B6] an, Fähren aus China am China Ferry Terminal [124 B5]. Von dessen Tiefgeschoss aus verkehren Taxis und Busse.

ANREISE NACH MACAU

Ab Fährhafen [U I2] fahren die Busse 3, 3A und 10A ins Zentrum und passieren diverse Hotels. Größere Hotels (z. B. Lisboa, Hyatt) bieten kostenlose Pendelbusse.

Eine ähnliche Anbindung besteht beim Flughafen. Taxis ab Fähranleger ins Zentrum kosten um 25 Ptcs. Macau wird aus Europa derzeit nicht direkt angeflogen.

AUSKUNFT VOR DER REISE

HONG KONG TOURISM BOARD (HKTB)
Humboldtstr. 94 | 60318 Frankfurt a. M. | Tel. 069/959 12 90 | Fax 597 80 50 | www.discoverhongkong. com/german | frawwo@hktb.com

FREMDENVERKEHRSBÜRO MACAU
Schenkendorfstr. 1 | 65187 Wiesbaden | Tel. 0611/267 67 30 | Fax 267 67 60 | www.macau-info.de | englisch: www.macautourism.gov.mo

AUSKUNFT IN HONGKONG

HONG KONG TOURISM BOARD (HKTB)
– Besuchertelefon 25 08 12 34
Visitor Information:
– im Flughafen (nur für ankommende Passagiere)
– am Star-Ferry-Anleger | Kowloon | tgl. 8–20 Uhr | [124 C6]

WÄHRUNGSRECHNER

€	HK$	HK$	€
10	115,30	100	8,67
20	230,78	200	17,34
30	346,17	300	26,00
40	461,56	400	34,67
50	576,95	500	43,34
60	692,34	600	52,01
70	807,73	700	60,67
80	923,12	800	69,34
90	1038,51	900	78,01

– MTR Causeway Bay, Ausgang F (Zugang Jardine's Bazaar, unterirdisch außerhalb der Sperre) | tgl. 8–20 Uhr | [129 D4]

Das HKTB verfügt über ausgezeichnetes Infomaterial. Das Büro in Causeway Bay wird weniger stark frequentiert als das an der Star Ferry (günstig bei komplizierteren Fragen).

MACAU TOURIST INFORMATION BUREAU   [126–127 C–D 1–2]
Shop 336–337, Shun Tak Centre | 200 Connaught Rd Central | Tel. 28 57 22 87 | tgl. 9–13 und 14.15 bis 17.30 Uhr

ZIMMERVERMITTLUNG

Im Flughafen (nur für ankommende Passagiere)

AUSKUNFT IN MACAU

MACAU GOVERNMENT TOURIST OFFICE [U G3]

Largo do Senado 9 | tgl. 9–18 Uhr | Tel. 397 11 20 | Schalter (mit Zimmervermittlung) im Fährterminal [U I2] und im Flughafen [0] – Besuchertelefon 28 33 30 00

BANKEN & GELDWECHSEL

Mehrere Wechselschalter im Flughafen auf Ankunftsebene 5 | tgl. 7 bis 22.30 Uhr | Bargeld aus Automaten

Banken: meist Mo–Fr 9–17, Sa 9 bis 12.30 Uhr

Am einfachsten ist die Bargeldbeschaffung per EC-Karte aus Geldautomaten (Maestro-Symbol beachten). Die Gebühr liegt bei 4–5 Euro pro Buchung.

Am billigsten wird es, wenn Sie Reiseschecks bei der jeweiligen Reisescheckbank einlösen, für American Express ist dies z.B. *1/F, 5 Queen's Rd Central* [127 E3] oder *1/F, 48 Cameron Rd* [125 D5] *| jeweils Mo bis Fr 9–17 Uhr.* Beide Filialen bieten auch günstige Bargeld-Wechselkurse. Wechseln Sie anderswo Bargeld, so beachten Sie die Gebühren, die erheblicher sein können als die Kursunterschiede.

DIPLOMATISCHE VERTRETUNGEN

DEUTSCHLAND [127 F3]

21/F, United Centre | 95 Queensway | Central | Tel. 21 05 87 88 | Mo–Fr 8.30–12 Uhr | telefonisch bis 16 Uhr, Fr bis 13 Uhr

ÖSTERREICH [127 D2]

2201 Chinachem Tower | 34–37 Connaught Rd Central | Central | Tel. 25 22 80 86 | Mo–Fr 9–12 Uhr, telefonisch bis 16.30 Uhr

SCHWEIZ [128 B4]

6206–07 Central Plaza | 18 Harbour Rd | Tel. 25 22 71 47 | Mo–Fr 9 bis 12 Uhr

EINREISE

Ein Reisepass ist erforderlich. Man erhält ein Visum bei der Einreise (Deutsche, Österreicher und Schweizer: drei Monate).

Für Bürger der Schengenstaaten ist der Aufenthalt in Macau bis zu 90 Tagen visumfrei, für Schweizer bis zu 30 Tagen.

GESUNDHEIT

Für Hongkong sind keine Impfungen vorgeschrieben. Wenn Sie sich an die üblichen Hygieneregeln halten, ist nichts Schlimmes zu befürchten. Sie sollten Leitungswasser allerdings nicht in größeren Mengen trinken.

Krankenhäuser mit Notfallaufnahme rund um die Uhr sind das *Queen Mary Hospital | Pokfulam Rd | Hongkong Island | Tel. 28 55 38 38 |* [U A4], und das *Queen Elizabeth Hospital | 30 Gascoigne Rd | Kowloon | Tel. 29 58 84 38 |* [125 D3].

St. John Ambulance (kostenloser Krankenwagen): auf der Insel *Tel. 25 76 65 55 |* Kowloon *Tel. 27 13 55 55 |* sonst *Tel. 26 39 25 55*

Die Konsulate benennen auch deutschsprachige Ärzte. Medikamente werden von Ärzten und Krankenhäusern direkt ausgegeben. Arzneimittel erhalten Sie auch bei einigen *Watson's*-Filialen, z.B. *Melbourne Plaza | 33 Queen's Rd Central |* [127 D3].

INTERNET

Internetnutzung ist in Hongkong sehr verbreitet. Besonders ergiebige Adressen sind der englische Auftritt der HKTB sowie die Internetseiten der Regierung *(www.info.gov.hk/site map.htm)*. Die Adresse für Macau ist *www.gov.mo*.

Drahtlose Internetzugänge (WiFi bzw. WLAN) stellen mittlerweile alle besseren Hongkonger Hotels und Einkaufszentren bereit, allerdings selten gratis. Eine Liste aller WLAN-Spots in Hongkong bietet *https:// apps.ofta.gov.hk/apps/clr/content/pu blic_search.asp*.

INTERNETCAFÉS

Öffentliche Internetterminals stehen an vielen Orten. Manche, z. B. in der *Harbour City* [124 B–C 5–6] oder in der *Star Computer City | Star House* [124 C6], können sogar kostenlos benutzt werden – allerdings nur im Stehen. Bequemer ist es in den Filialen von *Pacific Coffee, z. B. Times Square, Ebene 5* [128 C4], *International Finance Centre, Ebene 1, Shop 1022* [127 E2], *China Hong Kong City, G06 | 33 Canton Rd* [124 B–C5]. Hotspots finden Sie über *www.ofta. gov.hk*, „Consumer Focus".

MACAU-FÄHREN

Düsengetriebene Tragflächenboote der Reederei Turbojet verkehren rund um die Uhr vom Macau Ferry Terminal [126–127 C–D1] aus. *Tagsüber alle 15 Minuten, Fahrzeit 55 Minuten, Preis pro Strecke 138 $ ab*

Hongkong, 142 Ptcs oder $ ab Macau (Economy, inkl. Ausreisegebühr). An Wochenenden und nach Einbruch der Dunkelheit gelten höhere Tarife. Größeres Gepäck (ab 10 kg) kostet extra. Weniger häufige, dabei etwas billigere Verbindungen bestehen ab China Ferry Terminal [124 B5]. Ganz Eilige nehmen den

▶ WAS KOSTET WIE VIEL?

▸ **KAFFEE**	**3,50 EURO**	für eine Tasse Kaffee im Hotel
▸ **BIER, WEIN**	**4,50 EURO**	für ein Bier vom Fass oder ein Glas Wein
▸ **MITTAGESSEN**	**3,50 EURO**	für eine chinesische Nudelsuppe
▸ **ABENDESSEN**	**22 EURO**	für ein Abendessen
▸ **PEAK TRAM**	**3,30 EURO**	für eine Fahrt auf den Peak und zurück
▸ **BUSFAHRT**	**0,28 EURO**	für eine Stadtfahrt in Macau

Hubschrauber (16 Minuten, 2000 $ pro Richtung, Tel. 21 08 98 98, www. heliexpress.com). Abflug und Landung an den Fährterminals, doch nicht ab China Ferry Terminal.

Gebucht werden die Fähren an den Anlegern, in Reisebüros und in einigen U-Bahn-Stationen, in Hongkong auch unter *Tel. 29 21 66 88*. An Werktagen sind immer Plätze frei, an Wochenenden ist Vorausbuchung unabdingbar. Der Aufpreis für die 1. Klasse lohnt nicht.

NOTRUF

Feuer, Krankenwagen, Überfall Tel. 999 (ohne Münzen)
Polizei-Tel. für Touristen (auch für Taxi-Beschwerden) 25 27 71 77

ÖFFENTLICHE VERKEHRSMITTEL

IN HONGKONG

U-Bahn (MTR): Sie verkehrt auf fünf Linien ab 6 Uhr bis gegen 1 Uhr. Der Einzelfahrschein (aus Automaten) kostet ab 4 $.

Ähnlich zu benutzen ist die *S-Bahn KCR*, doch sind für die 1. Klasse besondere Tickets zu lösen. Die Station Lo Wu darf nur im Grenzverkehr angefahren werden.

Busse: Es gibt verschiedene Gesellschaften. Die Linien durch die Hafentunnels sind an roten, dreistelligen Nummern zu erkennen. Über die wichtigsten Linien informieren Faltblätter der HKTB. Das Fahrgeld (je nach Routenlänge unterschiedlich, meist 4–10 $) ist beim Einsteigen abgezählt einzuwerfen. Haltestellen werden nicht ausgerufen.

Betriebsschluss ist gegen 24 Uhr, einige Busse fahren auch nachts. Minibusse mit grünem Streifen (Maxicabs) verkehren wie die großen Busse, solche mit rotem Streifen halten dagegen wie ein Taxi bei Bedarf, und man zahlt beim Aussteigen – ohne Kantonesischkenntnisse und Vertrautheit mit der Route landet man mit ihnen nie dort, wohin man will.

Straßenbahn: Sehr billig. Man zahlt beim Aussteigen (Einheitspreis, kein Wechselgeld). Stationen werden nicht ausgerufen.

Light Rail Transit, eine moderne Straßenbahn, verkehrt im Westen der New Territories.

WETTER IN HONGKONG

Jan.	Feb.	März	April	Mai	Juni	Juli	Aug.	Sept.	Okt.	Nov.	Dez.
18	18	20	24	28	30	31	31	30	27	24	20
Tagestemperaturen in °C											
13	13	16	19	23	26	26	26	25	23	19	15
Nachttemperaturen in °C											
5	4	3	4	5	5	7	6	7	7	6	6
Sonnenschein Std./Tag											
4	5	7	8	13	18	17	15	12	6	2	3
Niederschlag Tage/Monat											
18	18	21	24	25	27	28	28	27	26	24	21
Wassertemperaturen in °C											

Peak Tram: Lösen Sie gleich eine Rückfahrkarte, falls Sie nicht abwärts laufen. Wer rechts sitzt, hat den besseren Blick.

Fähren: Bei den Hafenfähren kommt man mit passendem Kleingeld am schnellsten durch die Sperre. Die letzte Star Ferry legt schon um 23.30 Uhr ab. Die meisten Fähren zu den Inseln verkehren von den Piers in Central [127 D–E 1–2]. Am Wochenende gelten erhöhte Tarife. Die „Deluxe"-Klasse der langsamen großen Fähren ist gegenüber den teureren Schnellfähren klar vorzuziehen. *Auskunft: Fähren nach Lantau und Cheung Chau Tel. 21 31 81 81, nach Lamma Tel. 28 15 60 63, Tolo Harbour Tel. 22 72 20 22*

Das Zauberwort für bequemes Reisen in Hongkong lautet: Octopus-Card. Sie kostet 100 $ – das ist das gespeicherte Guthaben – plus 50 $ Pfand, gilt in fast allen Verkehrsmitteln und ist schon ab Flughafen einsetzbar. Am Flughafen (oder in U-Bahn-Stationen) können Sie sie auch wieder zurückgeben und erhalten den Restbetrag plus Pfand bar ausbezahlt. Beim Passieren einer Sperre (z. B. in einer MTR-Station) oder beim Besteigen eines Busses legt man die Karte auf eine Sensorfläche, und mit einem Piepton wird das Fahrgeld abgezogen. Nachladen können Sie um jeweils 50 oder 100 $ an Automaten in den U-Bahn-Stationen oder in Seven-Eleven-Läden. Der Octopus-Vorteil: Sie müssen beim Busfahren nicht ständig große Mengen Kleingeld parat haben und gehen in Bahnhöfen stracks durch die Sperre, ohne jedesmal einen neuen Fahrschein lösen zu müssen. Die MTR gewährt

zudem noch einen Rabatt. Abzuraten ist dagegen vom Drei-Tage-Touristen-Octopus, den es zu 220 oder 300 $ gibt. Zählt man die darin enthaltenen eine bzw. zwei Airport-Express-Fahrten ab, bleibt mehr übrig, als man je verfahren wird, zumal er nur für die MTR gilt.

IN MACAU

40 Buslinien sorgen für gute Verbindungen. Mehrere Busse zu den Inseln halten am Hotel Lisboa [U H3], fast alle nach „Barra" (beim Museu Marítimo) [U G4] berühren das Zentrum. *Stadttour 2,50 Ptcs, nach Taipa 3,30 Ptcs, nach Coloane-Dorf 4 Ptcs, zum Strand Hac Sa 5 Ptcs*

ÖFFNUNGSZEITEN

In Tsim Sha Tsui und Causeway Bay öffnen die Läden meist von 10 bis 21 Uhr, z. T. bis 22 Uhr, auch am Wochenende, in Central nur bis gegen 19.30 Uhr. Fachgeschäfte bleiben So vielfach geschlossen.

POST

Hong Kong Island: Hauptpost nahe der Star Ferry [127 E2] | *Tsim Sha Tsui: 10 Middle Rd* [124 C5–6] | *beide Mo–Sa 8–18, So 9–14Uhr*

PREISE & WÄHRUNG

Der Hongkong-Dollar, hier generell mit „$" abgekürzt, steht in einem festen Verhältnis von 7,8:1 zum US-Dollar, schwankt also im Wert gegenüber den europäischen Währungen. Die Banknoten, von drei verschiedenen Banken herausgegeben, sind zwar gleich groß, doch verschieden gestaltet. Die Preise in Macau, in Patacas (Ptcs.) berechnet, liegen im

Insider Tipp

Schnitt um ein Viertel niedriger als in Hongkong. In Macau können Sie auch mit Hongkong-Dollar zahlen; der Kurs zur Pataca liegt nahe bei 1:1. Achten Sie jedoch darauf, auch Hongkong-Dollar als Wechselgeld zu bekommen.

REISEZEIT

Ideal ist die Zeit ab Mitte Oktober bis Ende Dezember, wenn es fast ständig warm und trocken ist, bestens auch für Bergwanderungen. Im Februar/ März wird das Wetter nasskalt. Die Sommer sind schwülheiß, sehr regnerisch und belastend für den Kreislauf.

REKLAMATIONEN

Wurden Sie beim Einkaufen betrogen, kann das Consumer Council helfen: *Tel. 29 29 22 22.*

SPORT & STRÄNDE

Golf: Einziger öffentlicher 18-Loch-Platz ist der *Kau Sai Chau Public Golf Course* [133 E3], zu erreichen per Fähre ab Sai Kung. *Buchung: Tel. 27 91 33 80 | ab 400 $ pro halbe Runde*

Schwimmen: Hongkong hat viele Strände. Die meisten sind jedoch klein und ohne Südseeatmosphäre. Vorteile: 42 Strände werden von der Stadt betreut und beaufsichtigt. Sie verfügen über gratis zu benutzende Duschen, Umkleideräume, Toiletten, Badeinseln und andere Annehmlichkeiten, manche sind durch Netze gegen Haie gesichert; zudem werden sie laufend gereinigt und auf die Wasserqualität hin überprüft. Dies gilt allerdings nur während der offiziellen Badesaison von April bis Oktober. Freilich sind die Strände

auch sonst zugänglich. Da es keine starken Strömungen und wenig Brandung gibt, können auch Kinder sicher baden.

STADT- & HAFENRUNDFAHRTEN

Hafenrundfahrten mit der *Star Ferry* ab 45 $ (1 Std., *Büros an den Anlegern*). *Watertours* bietet Touren zur Tsing-Ma-Brücke zu 220 $ an *(1023A, 10. Stock, Star House | 3 Salisbury Rd | Tel. 29 26 38 68)* [124 C6]. Sinnvoll sind auch Rundfahrten durch die New Territories zu abgelegenen Zielen. Fragen Sie an den HKTB-Schaltern besonders nach der „Heritage Tour" und nach der „Land Between Tour".

TAIFUN

Taifunsaison ist von August bis Oktober. Bei Warnsignal 8 schließen Schulen, Büros und Geschäfte, Fähren bleiben im Hafen, der Flugverkehr wird eingestellt, später auch der Bus- und Bahnverkehr.

TAXI

Alle Taxis sind registriert und fahren mit Taxameter. Fahrten durch einen der Tunnels kosten die doppelte Tunnelgebühr, da der Fahrer wieder zurückkehren muss. Die grünen Taxis in den New Territories fahren nicht in die Stadt. Eine doppelte gelbe Linie am Straßenrand bedeutet absolutes Halteverbot – auch für Taxis. Eine einfache gelbe Linie untersagt das Halten zu den Hauptverkehrszeiten.

Die meisten Taxifahrer verstehen kein Englisch. Lassen Sie sich ihr Ziel vorher auf Chinesisch aufschreiben, und führen Sie auch den chine-

PRAKTISCHE HINWEISE

sischen Namen Ihres Hotels mit. Falls Sie dennoch Hilfe brauchen, lassen Sie sich über den Taxifunk mit der Zentrale verbinden. Dort spricht jemand Englisch. Entsprechendes gilt für Macau.

TELEFON & HANDY

Am günstigsten telefonieren Sie mit in Hongkong gekauften Telefonkarten, erhältlich in den zahlreichen, ständig geöffneten Seven-Eleven-Läden; dort stehen auch passende Telefone. Ortsgespräche aus Münztelefonen kosten 1 $. Internationale Selbstwähl-Ferngespräche (IDD) sind von den meisten Hotels und den zahlreichen IDD-Kartentelefonen aus möglich, nicht aber in Postämtern. Die öffentlichen „Creditcard Phones" akzeptieren die üblichen Kreditkarten.

Ihr Mobiltelefon wählt sich automatisch in eins der Hongkonger Netze ein. Mobil nach Hause zu telefonieren ist mit 1 bis 2 Euro pro Minute nicht allzu teuer. Teurer wird es, wenn Sie angerufen werden. Bleiben Sie länger, könnte sich der Kauf einer Hongkonger Simkarte oder einer weltweiten Guthabenkarte wie Globalsim *(www.globalsim.net)* oder Globilo *(www.globilo.de)* lohnen.

Vorwahl nach Deutschland: 00149, nach Österreich: 00143, in die Schweiz: 00141. Vorwahl für Hongkong: 00852, für Macau: 00853

THEATER- & KONZERTKASSEN

Kartenreservierung für nahezu alle Veranstaltungen bietet *Cityline* über *Tel. 21 11 53 33 | tgl. 10–20 Uhr.* Karten für Veranstaltungen im Cultural Centre und in der City Hall erhal-

ten Sie auch an den dortigen Vorverkaufs- und Abendkassen. Vorausbuchung aus dem Ausland nur per Telefax, siehe *www.lcsd.gov.hk/CE/ Entertainment/Ticket/en/index.php.*

TRINKGELD

Restaurants und Bars berechnen meist Inklusivpreise. Man lässt jedoch vom Wechselgeld, das gewöhnlich auf einem kleinen Tablett gereicht wird, 5 bis 10 Prozent des Rechnungsbetrags als Trinkgeld zurückgehen. Bei Taxis ist es üblich, den Betrag aufzurunden.

VERANSTALTUNGS-HINWEISE

Vorabinfos bietet ein Internetmagazin („E-zine") des HKTB, zu finden über *www.discoverhongkong.com,* Rubrik „Events". Dort hilft Ihnen auch ein interaktiver Kalender. Infos für Party- und Kneipengänger liefert *www.bcmagazine.net.* In Hongkong liegt das vierzehntäglich erscheinende „HK Magazine" vielerorts gratis aus. Prospekte zu Kulturveranstaltungen gibt's im Cultural Centre und in der City Hall.

ZEIT

Der MEZ 7 Stunden, bei Sommerzeit 6 Stunden voraus.

ZOLL

Zollfrei eingeführt werden dürfen 1 l Alkohol, 200 Zigaretten oder 100 Zigarillos oder 50 Zigarren oder 250 g Tabak. Diese Mengen gelten auch bei Einreise in ein EU-Land, zuzüglich 50 g Parfum und 250 g Eau de Toilette sowie Einkäufen bis 175 Euro Gesamtwert (siehe *www.zoll.de*).

> SPRICHST DU KANTONESISCH?

Dieser Sprachführer hilft Ihnen, die wichtigsten Wörter und Sätze auf Englisch/Kantonesisch zu sagen

Aussprache

Die verwendete Lautschrift orientiert sich am Deutschen. Bitte außerdem beachten:

[ə]   ist ein dumpfes [e] wie in „bitte"
[eei] ist ein langes, halb offenes [e], das in ein angedeutetes [i] ausläuft
[θ]   ist das englische „th", eine Art [s] mit der Zungenspitze zwischen den Zähnen

Lange Vokale sind durch Verdoppelung kenntlich gemacht. Im Englischen ist das [o] immer offen zu sprechen, ob kurz wie in „noch" (z.B. „what" [wott]) oder lang (z.B. „more" [moo]). Im Kantonesischen sind [e], [o] und [ö] halb offen zu sprechen, [e] also fast wie [ä], [o] fast wie in „noch", [ö] fast wie in „Löffel", wenn lang wie in „Germany" [dschööməni] (z.B. [ssööng]). Die Auslaute [-k], [-p] und [-t] sind im Kantonesischen nicht aspiriert, wie wenn man von „Matte" das „-te" weglassen würde. [ng] wie in „bang" ist auch am Silbenanfang nur als ein Laut (ohne hörbares [g]) zu sprechen. Auf die Angabe der sieben kantonesischen Silbenakzente wurde verzichtet.

■ DAS WICHTIGSTE AUF ENGLISCH ■■■■■■■■■■■■■

Ja./Nein.	Yes. [jäs]/No. [nɔu]
(Vielen) Dank!	Thank you (very much).
	[ˈθänkju (wärri matsch)]
Bitte! (Aufforderung)	Please. [pliis]
Bitte, gern geschehen.	You're welcome. [joo wälkəm]
Verzeihung!	I'm sorry! [aim ssori]
Wie bitte?	Pardon? [ˈpaadn]
Ich verstehe nicht.	I don't understand.
	[ai dəunt andəsständ]
Können Sie mir bitte helfen?	Can you help me, please?
	[kən ju hälp mi pliis]
Ich möchte …	I'd like … [aid laik]
Das gefällt mir (nicht).	I (don't) like it. [ai (dəunt) laikit]
Was kostet es?	How much is it? [hau matsch is it]
Guten Morgen!	Good morning! [gud mooning]
Hallo, grüß dich/Sie!	Hello! [həlləu]/Hi! [hai]
Wie heißen Sie?	What's your name? [wotts joo näim]
Wie geht es Ihnen/dir?	How are you? [hau_aa ju]
Auf Wiedersehen!	Bye-bye! [bai-bai]
Bis morgen!	See you tomorrow! [ssi ju təmərəu]

> *www.marcopolo.de/hongkong*

SPRACHFÜHRER KANTONESISCH

■ DAS WICHTIGSTE AUF KANTONESISCH

Ja, richtig.	係.	hai
Ja, einverstanden.	好.	hou
Nein, falsch.	唔係.	m-hai
Nein, ich lehne ab.	唔好.	m-hou
Danke.	多謝.	doo-dsä
Bitte. (Aufforderung)	唔該你.	m-goi neei
Bitte, gern geschehen.	唔駛唔該.	m-ssai m-goi
Verzeihung!	對唔住!	döi m dsü
Wie bitte?	你講乜嘢話?	neei gong mat-jä waa
Ich möchte (haben)…	我想要…	ngo ssööng_ju…
Ich möchte (tun)	我想…	ngo ssööng…
Das gefällt mir.	唔錯呀!	m tso_a
Das gefällt mir nicht.	唔係幾好.	m hai geei hou
Was kostet es?	幾多錢?	geei-doo tsin
Guten Morgen!	早晨!	dsou ssann
Guten Tag/Abend Herr…!	…先生!	… ssinssang
Guten Tag/Abend Frau…!	…太太!	… taitai
Wie heißen Sie?	你貴姓?	neei gwai ssing
Wie geht es Ihnen/dir?	你近來好嗎?	neei gann loi hou ma
Auf Wiedersehen!	Bye-Bye!	baai-baai

■ UNTERWEGS

AUSKUNFT

Schreiben Sie mir bitte … auf Chinesisch auf.	Please write down … in Chinese. [pliis rait daun … in tschainiis]
Wo ist bitte …?	Where is … please? [Wäris … pliis]
Wie komme ich nach …?	How do I get to …? [Hau du_ai gettɔ…]

Bitte,	請問, …	tsing mann, …
… wo ist …?	… 係邊度?	… hai biin dou
… wo ist die U-Bahn?	地鐵站係邊度?	… deei tit dsaam hai biin dou
… wo ist der Bahnhof?	火車站係邊度?	… foo tsä dsaam hai biin dou
… wo hält der Bus?	巴士站係邊度?	… baa ssii dsaam hai biin dou
… wo ist der Fähranleger?	碼頭係邊度?	… ma tau hai biin dou
Welcher Bus fährt nach…?	請問:去…搭幾號車?	tsing mann: höi … dap geeihou tsä
links/rechts	左邊/右邊	dso biin/jau biin
Ist es weit?	遠唔遠?	jüün m jüün

TAXI FAHREN

Bitte …	唔該你...	m-goi neei …
… halten Sie dort.	喺咽度停車.	… hai go-dou ting tsä
… lassen Sie mich mit der Zentrale sprechen.	我同的士台講.	… ngo tung dekssi toi goong
… warten Sie.	等一等.	… dang jat dang
Ich steige hier aus.	我喺呢度落車.	ngo hai ni-dou lok tsä

AUSFLUG/FERNVERKEHR

Ich möchte einen Ausflug nach … buchen.	I'd like to book a tour to … [aid laik tə bukə tuə tə …]
Eine einfache Fahrt/ Rückfahrkarte nach …	A one-way/return ticket to … [ə wan-wee/ritöön tikit tə …]
erste/zweite Klasse	first-class [fööst klaas]/second-class [ssäknd klaas]

■ ESSEN & TRINKEN

Reservieren Sie uns bitte für heute Abend einen Tisch für … Personen!	Would you reserve us a table for … for tonight, please? [wudd ju risööw_əs ə täibl fə … fə tunait pliis]
Auf Ihr/dein Wohl!	Cheers! [tschiəs]
Bitte noch ein Bier!	One more beer, please. [wan moo biə pliis]
Bezahlen, bitte!	The bill, please. [θə bill pliis]

Reservieren Sie uns bitte heute Abend einen Tisch für … Personen!	我想今晚定一張檯,...個人.	ngo ssööng gamm-maan däng jat-dsöng toi, … go jann
Bitte noch etwas Reis.	我想再要啲飯.	ngo ssööng dsoi ju di faan
Bitte (noch) ein Bier.	一個啤酒.	jat-go bä-dsau
Danke, genug!	夠了.	gau-lə
Prost!	飲勝!	jamm ssing
Bezahlen, bitte.	唔該你埋單.	m-goi neei maai daan

■ EINKAUFEN

Wo bekomme ich …	Where can I get … [weə kənnai gett …]
Haben Sie …?	Have you got …? [həwju gott]
Bitte zeigen Sie mir das da.	Can you show me this, please? [kən ju schou mi θiss pliis]
Das ist mir zu teuer.	That's too expensive. [θäts tu ikspennssiw]
Gibt es darauf eine weltweite Garantie?	Is there a worldwide guarantee on it? [is θäə ə wööld-waid gärəntii onnit]
Ich möchte es kaufen.	I'll take it. [ail täikit]
Ich möchte es nicht kaufen.	I don't want it. [ai dəunt wontit]
Kann ich mit Kreditkarte zahlen?	Do you take credit cards? [duju täik krädhitkaads]

SPRACHFÜHRER

■ ÜBERNACHTUNG ■■■■■■■■■■■■■■■■■■■■■■■■■■■■■■■

Ich habe bei Ihnen ein Zimmer reserviert.	I've reserved a room. [aiw risööwd_ə ruum]
Haben Sie noch ein Zimmer frei …	Have you got any vacancies … [həw ju gott_äni wäikənssis]
… für eine Nacht?	… for one night? [fə wan nait]
… für eine Woche?	… for a week? [fər_ə wiik]
Ist es klimatisiert/mit Frühstück?	Is it air-conditioned/with breakfast? … [is it eəkən'dischnd/wiθ bräkfəst]

■ PRAKTISCHE INFORMATIONEN ■■■■■■■■■■■■■■■■■■■■■

ARZT

Ich brauche einen Arzt.	I need a doctor. [ai niidə doktə]
Ich habe hier Schmerzen.	I've got pain here. [aiw gott päin 'hiə]
Ich habe Durchfall.	I've got diarrhoea. [aiw gott daiəriə]
Ich habe Fieber.	I've got a temperature. [aiw gottə tämpritschə]

GELDWECHSEL

Wo kann ich hier Geld tauschen?	Where can I change money? [weə_kənn ai tschäinsch manni]
Wie steht der Kurs?	What's the exchange rate? [woots θi ikstschäinsch räit]
Wie hoch sind die Gebühren?	What do you charge for it? [wott də ju tschaadsch fər_it]

POST

Nach Deutschland.	To Germany. [tə'dschöömən]
Nach Österreich.	To Austria. [tə_oostriə]
In die Schweiz.	To Switzerland. [tə_switsələnd]
Per Luftpost bitte.	By airmail, please. [bai_eəmäil pliis]
Ansichtskarte/Briefmarken	postcard/stamps [pəustkaad/sstämps]

■ ZAHLEN ■■

1	jat	9	gau	17	ssaptsat	60	luk-ssap
2	ji, löng*	10	ssap	18	ssapbaat	70	tsat-ssap
3	ssaam	11	ssapjat	19	ssapgau	80	baat-ssap
4	sseei	12	ssap-ji	20	ji-ssap	90	gau-ssap
5	m	13	ssapssaam	21	ji-ssap-jat	100	jat-bak
6	luk	14	ssapsseei	30	ssaam-ssap	200	ji-bak
7	tsat	15	ssap-m	40	sseei-ssap	1000	jat-tsin
8	baat	16	ssap-luk	50	m-ssap	½	jat8buun

* Zählt man Dinge oder Menschen, sagt man löng, z. B. 2 Dollar: löng mann,
    2 Stück: lönggo.

CITYATLAS HONGKONG

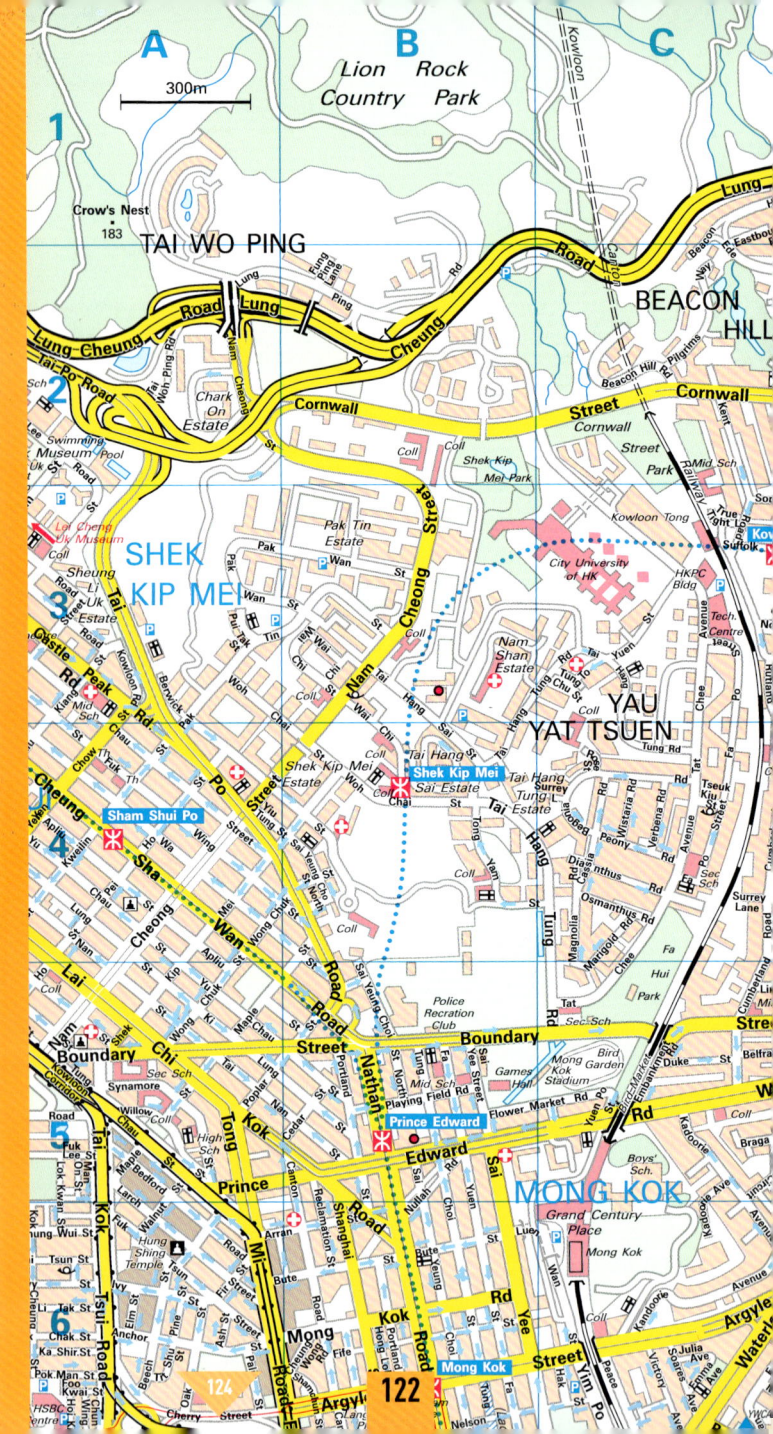

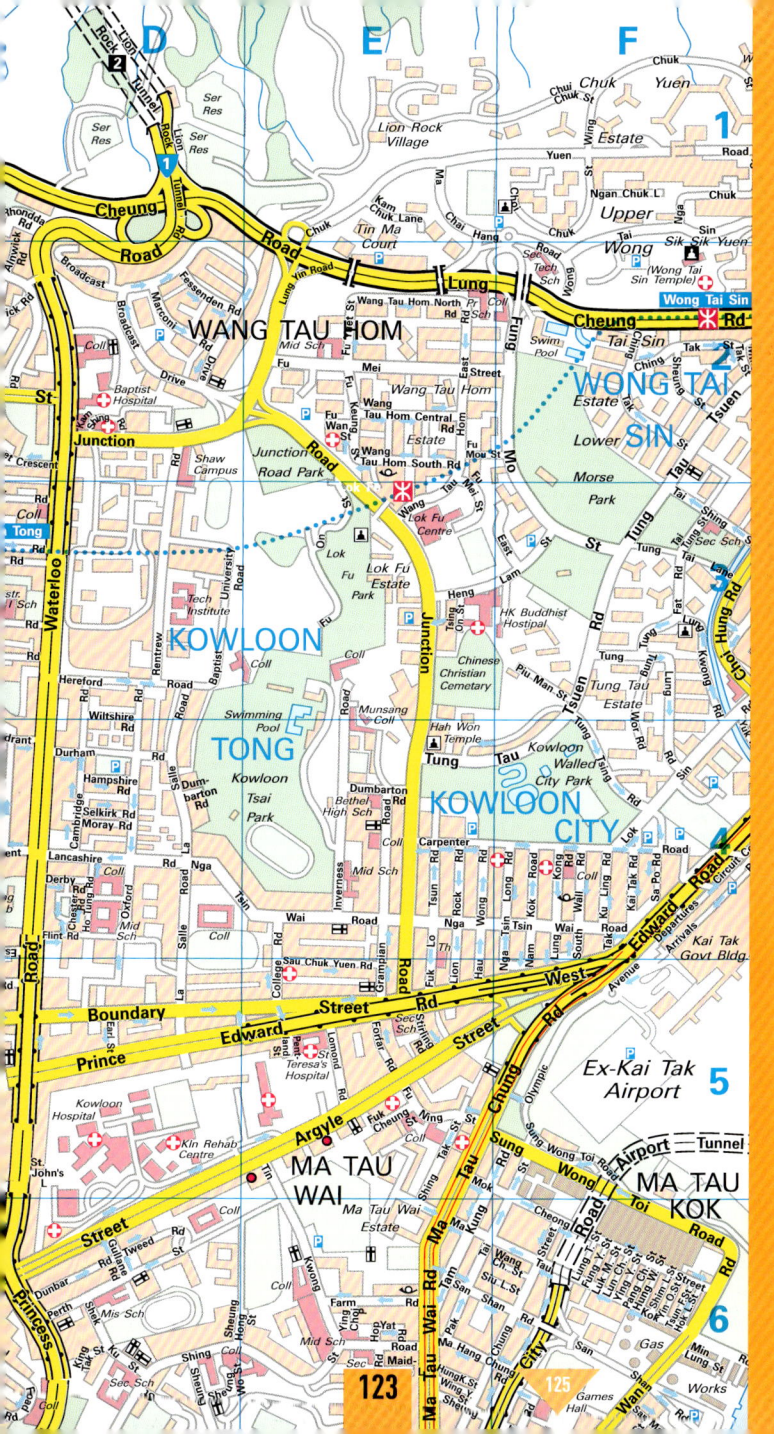

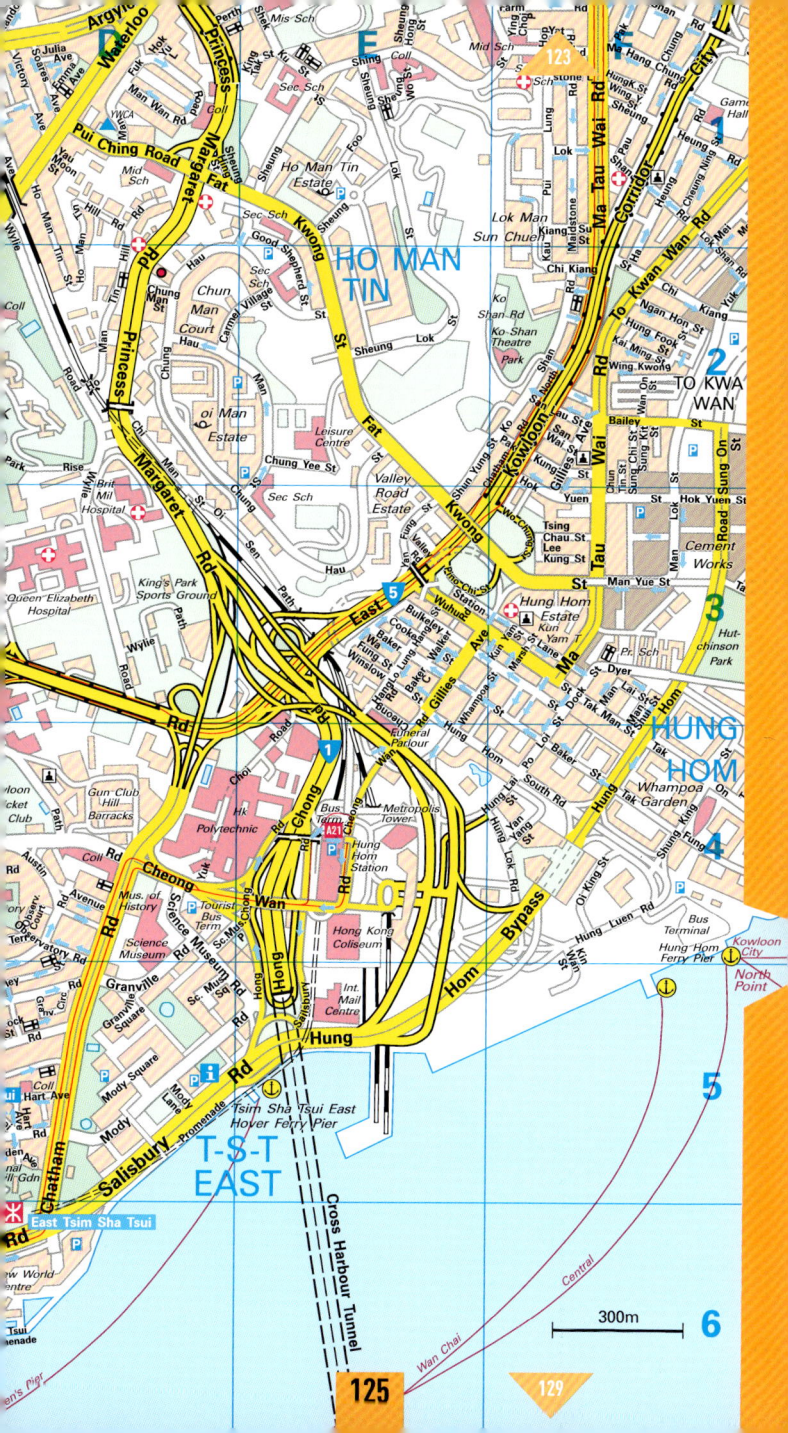

SHATOUJIAO

Shenzhen Special Economic Zone
Hongkong Special Administrative Region

Tung O
Crooked I.
Crooked I.
Crescent I.
Ping Chau

Sha Tau Kok
Kan Tau Wai
Robin's Nest 492
Ma Tseuk Leng
Kam To
Man
Ping Che
Yung Shue Au
Luk Keng
Starling Inlet
Crooked Harbour
Double Haven
Double I.

Shui
Shek Wo Hui
8
Luen Wo Hui
Fan Ling
Wo Hang
Nam Chung
Wu Kan Tang
Sam A Tsuen
Mirs Bay
(Dapeng Wan)

Pat Sin Leng Country Park
Wong Chuk Kok Hoi
North Channel
Bluff Head
Port I.

Plover Cove Country Park
Middle Channel
Grass I.

511
Wong Leng
639
Tai Mei Tuk
Plover Cove Reservoir
Tolo Channel
Tap Mun
South Channel

440
Cloudy Hill
Shuen Wan
Hoi Ha

Hong Lok Yuen
Tai Po
20
Pak Sha Tau Chau (Harbour I.)
Sai Kung West
Wong Shek

Pan Chung
Ma Shi Chau
Sham Chung
481
Shek Uk Shan
Chek Keng
To Kwa Peng
468
Sharp Peak

Tai Po Kau
Cheung Shue Tan
3
Wu Kai Sha
Tolo Harbour
Kei Ling Ha Hoi
Yung Shue O
Country Park
Sai Kung Peninsula

Shan C.P.
Tai Po Kau Nature Reserve
Ma Liu Shui
702
Shap Sze Heung
Sai Kung Country Park
Sai Kung East
Sai Wan

hing Mun
Fo Tan
Ma On Shan
Tai Shui Hang
Tai Meng Tsai
Tsak Yue Wu
Tai Long Wan

C.P.
10,000 Buddhas Temple
10
Sha Tin
Ma On Shan
Pak Kong
Water Sports Centre
Sai Wan
Country Park

Kam Shan C.P.
9
Tai Chung Hau
Sai Kung Hoi
High Island Res.

n Wan
Ha Kwai Chung
Tai Wai
Country Park
Wong Tai Sin Temple
Ho Chung
Sai Kung
Sharp I.
Kau Sai Chau
Leung Shuen Wan Chau (High Is.)

Tai Wo Ping
602
Kowloon Peak
Pak Sha Wan
Port Shelter
Rocky Harbour
Town I.

MONK KOK
SAN PO KONG
Tseng Lan Shue
Shelter I. (Ngau Mei Chau)

KWUN TONG
Hang Hau
Jin I. (Tiu Chung Chau)
Basalt I.

OON
TSIMSHA TSUI
Tseung Kwan O
Lung Ha Wan
Bluff I.

Lei Yue Mun
344
High Junk Peak
Tai Au Mun
Ninepin Group (Kwo Chau I.)

HONG KONG ISLAND
Tai Chik Sha
Clear Water Bay

CENTRAL DISTRICT
Chai Wan
347
Tin Hau Temple
Clear Water C.P. Bay

Pok Fu Lam C.P.
Aberdeen
Tai Tam Country Park
Mt.Collinson
Shek O
Lam Tong Hoi Hap Tathong Channel)
Fat Tong Mun
Tung Lung Chau

Floating Restaurant
Wong Chuk Hang
Ocean Park
Ap Lei Chau
Shek O
D'Aguilar Pen.
325
Cape d'Aguilar

u Wan
Tung O Wan
Stanley Pen.
Stanley (Chek Chue)

Dangan Shuidao
Sung Kong
Waglan I.
Beaufort I.
Po Toi
Po Toi Is.

HONG KONG
Special Administrative Region

Nam Kok Tsui

1:300.000
0 2 4 6 8 10km
Distances in km

South China Sea
(Nam Hai)

133

Fortification
Golf course
Wetland Park ★ Point of interest

Das Register enthält eine Auswahl der im Cityatlas dargestellten Straßen und Plätze

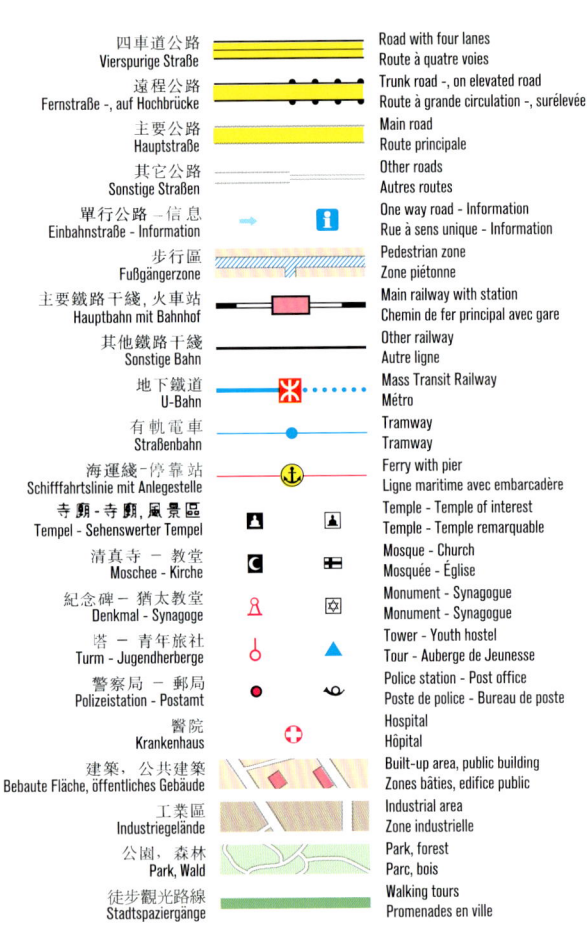

四車道公路 Vierspurige Straße	Road with four lanes Route à quatre voies
遠程公路 Fernstraße -, auf Hochbrücke	Trunk road -, on elevated road Route à grande circulation -, surélevée
主要公路 Hauptstraße	Main road Route principale
其它公路 Sonstige Straßen	Other roads Autres routes
單行公路 — 信息 Einbahnstraße - Information	One way road - Information Rue à sens unique - Information
步行區 Fußgängerzone	Pedestrian zone Zone piétonne
主要鐵路干綫，火車站 Hauptbahn mit Bahnhof	Main railway with station Chemin de fer principal avec gare
其他鐵路干綫 Sonstige Bahn	Other railway Autre ligne
地下鐵道 U-Bahn	Mass Transit Railway Métro
有帆電車 Straßenbahn	Tramway Tramway
海運綫 — 停靠站 Schifffahrtslinie mit Anlegestelle	Ferry with pier Ligne maritime avec embarcadère
寺廟 — 寺廟，風景區 Tempel - Sehenswerter Tempel	Temple - Temple of interest Temple - Temple remarquable
清真寺 — 教堂 Moschee - Kirche	Mosque - Church Mosquée - Église
紀念碑 — 猶太教堂 Denkmal - Synagoge	Monument - Synagogue Monument - Synagogue
塔 — 青年旅社 Turm - Jugendherberge	Tower - Youth hostel Tour - Auberge de Jeunesse
警察局 — 郵局 Polizeistation - Postamt	Police station - Post office Poste de police - Bureau de poste
醫院 Krankenhaus	Hospital Hôpital
建築，公共建築 Bebaute Fläche, öffentliches Gebäude	Built-up area, public building Zones bâties, edifice public
工業區 Industriegelände	Industrial area Zone industrielle
公園，森林 Park, Wald	Park, forest Parc, bois
徒步觀光路綫 Stadtspaziergänge	Walking tours Promenades en ville

REGISTER

Im Register finden Sie alle in diesem Reiseführer erwähnten Sehenswürdigkeiten, Museen und Ausflugsziele. Halbfette Seitenzahlen verweisen auf den Haupteintrag, kursive auf ein Foto.

IMPRESSUM

SCHREIBEN SIE UNS!

Liebe Leserin, lieber Leser,

wir setzen alles daran, Ihnen möglichst aktuelle Informationen mit auf die Reise zu geben. Dennoch schleichen sich manchmal Fehler ein – trotz gründlicher Recherche unserer Autoren/innen. Sie haben sicherlich Verständnis, dass der Verlag dafür keine Haftung übernehmen kann.

Wir freuen uns aber, wenn Sie uns schreiben.

Senden Sie Ihre Post an die MARCO POLO Redaktion, MAIRDUMONT, Postfach 31 51, 73751 Ostfildern, info@marcopolo.de

IMPRESSUM

Titelbild: Percival Street (Getty Images/Photonica: Greuel)
Fotos: O. Bolch (16/17), R. Freyer (U. l., U. M., 2 l., 2 r., 5, 6/7, 26, 28, 32, 34, 36, 39, 45, 48, 53, 60, 62, 66, 70, 79, 81, 82/83, 84, 92, 94/95, 97, 98, 102/103, 106, 120/121); Genesis Group: Timon Wehrli (101 M. l.); Getty Images/Photonica: Greuel (1); R. Hackenberg (21); HB Verlag: Hackenberg (73), Riehle (20, 20/21); T. Haltner (8/9, 22/23, 31, 40, 42); Françoise Hauser (13 o. l., 100 M. l., 100 u. l.); Hong Kong Tourist Association (U. r., 55); Jia Hong Kong (13 u. r.); Steven Hui (15 u. l.); © iStockphoto.com: alaincouillaud (15 o. r.), christinegonsalves (101 o. l.), dwphotos (101 u. r.), ivanmateev (14 u. l.), KMITU (100 M. r.), RogiervdE (100 o. l.), Tetiana_Zbrodko (101 M. r.);King Parrot Group: Mr. Roy Cheng (15 M. r.); Laif: Celentano (46/47, 54, 57, 76), Linkel (51), Riehle (58/59, 92/93); Kai Ulrich Müller (90); C. Nowak (3 r., 86, 89, 93); Ranee_K: Ranee Kok Chui Wah (14 o. r.); G. Reichelt (4 l., 18); D. Renckhoff (10); Daniel Roth (12 o. l.); H.-W. Schütte (143); Martha Sherpa (100 u. r.); SPY HENRY LAU: Byron Ho (12 u. r.); T. Stankiewicz (104); K. Thiele (4 r.); Transglobe: Simmons (3 M.); White Star: Gumm (65, 68/69, 74/75); Zefa: Spichtinger (3 l.)

11., aktualisierte Auflage 2008
© MAIRDUMONT GmbH & Co. KG, Ostfildern
Verlegerin: Stephanie Mair-Huydts; Chefredaktion: Michaela Lienemann, Marion Zorn
Autor: Dr. Hans-Wilm Schütte; Redaktion: Corinna Walkenhorst
Programmbetreuung: Leonie Dlugosch, Nadia Al Kureischi; Bildredaktion: Gabriele Forst
Szene/24h: wunder media, München
Kartografie Reiseatlas: © Falk Verlag, Ostfildern
Innengestaltung: Zum goldenen Hirschen, Hamburg; Titel/S. 1–3: Factor Product, München
Sprachführer: Dr. Hans-Wilm Schütte

FÜR IHRE NÄCHSTE REISE

gibt es folgende MARCO POLO Titel:

MARCO POLO Autor Hans-Wilm Schütte im Interview

Der Autor lernte Hongkong 1973 als Chinesischstudent kennen. Die Stadt wurde ihm im Laufe der Jahre fast eine zweite Heimat.

Wie war Ihre erste Begegnung mit Hongkong?

Anstrengend und schweißtreibend. Ich brauchte lange, um mich an die Hitze und den Lärm zu gewöhnen. Anfang der Siebziger war alles ja noch nicht so modern, sauber und international wie heute, und außerdem verfügte ich nur über wenig Geld. Seit ich ein Zimmerchen direkt am damaligen Flughafen bezog, schreckte mich dann allerdings nichts mehr.

Was gefällt Ihnen an Hongkong?

Vor allem das Essen, aber auch das grüne Umland mit Stränden und Wanderwegen – und die Tatkraft der Menschen. Jeder versucht, das Beste aus seiner Situation zu machen, und schaut nach vorn. Das ist auch das Geheimnis von Hongkongs Erfolg. Beeindruckend auch, wie friedlich es trotz des ewigen Gedränges zugeht und welcher Zusammenhalt in den Familien herrscht.

Was machen Sie beruflich?

Nachdem ich rund zehn Jahre an deutschen Universitäten chinesische Geschichte gelehrt habe, bin ich seit 1988 freier Publizist – mit Schwerpunkt China.

Sie leben nicht in Hongkong. Warum?

Um Hongkong für europäische Leser zu erschließen, darf ich nicht verlernen, es mit europäischen Augen zu sehen. Außerdem habe ich in Hamburg, wo ich lebe, noch eine kleine Forschungsstelle. Vielleicht miete ich mich später mal für ein paar Monate in Macau ein, wo das Leben etwas weniger anstrengend und weniger teuer ist als in Hongkong.

Macau gefällt Ihnen wohl besser?

Das kann ich allgemein nicht sagen. Hongkong ist viel größer, abwechslungsreicher, moderner und aufregender, Macau dagegen überschaubarer und außerhalb der Kasinos europäischer. Leider wird Macau als Reiseziel meist unterschätzt. Dass ich mich dort immer besonders wohl fühle, ist sicher auch eine Sache des Temperaments.

Was prädestiniert Sie, für MARCO POLO über Hongkong und Macau zu schreiben?

In erster Linie meine chinesischen Sprach- und Kulturkenntnisse, aber auch meine jahrzehntelange Verbundenheit mit Hongkong und den Freunden, die ich dort gefunden habe – und meine Begeisterung für alles Neue, denn hier haben es Innovation und Wandel doch viel leichter als in Europa.

Haben Sie noch einen speziellen Tipp?

Ja: Mal mehr Geld beim Essengehen ausgeben, als man es normalerweise täte, und sich von neuen Genüssen überraschen lassen.

> BLOSS NICHT!

Ein paar Dinge, die Sie sich in Hongkong nicht antun sollten

Auf Billigangebote hereinfallen

Sie wollen eine Kamera kaufen, stellen Preisvergleiche an, entscheiden sich für ein extra günstiges Angebot und bemerken später, dass die Garantie nur in Hongkong gilt oder man Ihnen statt des lichtstarken Objektivs ein lichtschwächeres untergejubelt hat. Lassen Sie sich auf auffallende Billigangebote am besten gar nicht erst ein. Niemand wird Ihnen etwas unter Selbstkostenpreis überlassen. Skepsis allein genügt nicht, denn mit welchem Trick ein Händler arbeitet, ist nicht von vornherein durchschaubar. Daher sollten Sie teure Einkäufe auch keinesfalls auf den letzten Tag verschieben.

Eintagesfahrten nach Shenzhen, Kanton und Macau machen

Kurztrips über die Grenze bringen in den meisten Fällen mehr Stress als Freude. Der Effekt steht in schlechtem Verhältnis zu Kosten und Aufwand. Kanton ist durchaus eine Reise wert, wird aber erst ab einer Übernachtung richtig schön. Dies gilt ebenfalls für Macau, ein meist unterschätztes Ziel, dessen Atmosphäre zu erschnuppern mehr Muße erfordert, als der übliche Tagesausflug ermöglicht.

Den Schlepperinnen folgen

Betroffen sind nur Männer, vor allem einzelne: Vor einschlägigen Wan-Chai-Bars gehen Damen auf Kundenfang. Ein Plakat verspricht echt billiges Bier.

So kommt es dann auch, nur kostet die kurze Plauderei mit der leicht geschürzten Kellnerin ein Vielfaches, oder der Drink für die Gesellschafterin, die sich an den Tisch setzt, lässt die Kasse klingeln. Protest nützt nichts: Die wahren Tarife sind versteckt ausgehängt, der Geneppte muss blechen.

Schnellfähren benutzen

Die neuen Fähren zu den anderen Inseln sind zweifellos für Pendler richtig, aber touristisch unattraktiv: Sie haben kein Sonnendeck und sind teurer. Man kann nicht einmal richtig aus dem Fenster sehen. Wenn es irgend geht, nehmen Sie die großen, langsameren alten Fähren. Sie bieten vom offenen Deluxe-Class-Deck aus ein fotogenes Hongkong-Panorama.

Ausflüge am Wochenende unternehmen

Bei schönem Wetter ergießt sich halb Hongkong ab Samstagmittag in sämtliche verfügbaren Verkehrsmittel, um ins Grüne zu fahren. Wer mitfährt, steht überall Schlange, hat am Strand womöglich das gleiche Gedränge wie in der Stadt und zahlt obendrein teure Wochenendzuschläge. Wandern Sie lieber in den Country Parks von Hongkong Island. Für Fahrten nach Macau gilt Entsprechendes. Am Sonntagabend haben Sie zudem Probleme, von dort wieder zurückzukommen.